Meine erste Weltumseglung

James Cook (1728 --1779) wurde als englischer See-fahrer und Entdecker berühmt durch seine erste von drei Weltumseglungen, die er genauer kartografierte als jeder andere vor ihm. Er entdeckte zahlreiche Inseln und wies nach, dass der seit der Antike postulierte Südkontinent, die Terra australis incognita, nicht existierte.

Diese Expedition wurde unternommen, um den Durch-gang des Planeten Venus vor der Sonnenscheibe – den Ve-nustransit vom 3. Juni 1769 – auf Tahiti zu beobachten. Das Ziel des astronomisches Großprojekts war es, die Entfer-nung Erde–Sonne und die Abstände der Planeten im Son-nensystem aus den Beobachtungsdaten zu berechnen. Cook sollte dabei die an der Expedition beteiligten Wissen-schaftler und den Astronomen Charles Green samt ihren Instrumenten sicher nach Tahiti und wieder zurück brin-gen.

* * *

Der Naturwissenschaftler Dipl.-Math. Klaus-Dieter Sedlacek, Jahrgang 1948, studierte in Stuttgart neben Ma-thematik und Informatik auch Physik. Nach fünfundzwan-zig Jahren Berufspraxis in der eigenen Firma widmet er sich nun seinen privaten Forschungsvorhaben und veröf-fentlicht die Ergebnisse in allgemein verständlicher Form. Darüber hinaus ist er der Herausgeber mehrerer Buchrei-hen unter anderem der Reihen 'Wissenschaftliche Bi-bliothek' und 'Wissen gemeinverständlich'.

James Cook

Meine erste Weltumseglung

Tagebuch einer epochalen Expedition.

Neu bearbeitet und herausgegeben von
Klaus-Dieter Sedlacek

Forschungsreisen und Abenteuer Bd. 1

Bibliografische Information Der Deutschen Bibliothek:
Die Deutsche Bibliothek verzeichnet diese Publikation
in der Deutschen Nationalbibliografie; detaillierte
bibliografische Daten sind im Internet über
http://dnb.ddb.de
abrufbar.

Herstellung und Verlag: BoD – Books on Demand,
Norderstedt.
ISBN: 9783746032559

Inhaltsverzeichnis

Neuseeländische Sitten. — Die Ursache des Kannibalismus. — Gastfreundliche Prostitution. — Zeitehen. — Abscheuliche Tänze — Die Frauen. — Die Religion.

Abb. 1: Kapitän James Cook, 1776

Erstes Kapitel.

Mein Auftrag. — Nach Amerika. — Ein Unglücksfall im Feuerland – Die Feuerländer und ihre Sitten. — Fahrt nach der Südsee. —- Entdeckungen. — Ankunft in Otahiti.

Als ich meine Bestallung erhalten hatte, die vom 25. Mai 1768 datiert war, ging ich an Bord des Endeavour, hisste die Kommandoflagge und segelte am 30. Mai nach Plymouth. Hier wurden der Mannschaft die Kriegsartikel und die Parlamentsakte vorgelesen. Zugleich wurde ihr ein zweimonatiger Sold im voraus bezahlt. Um 26. August stachen wir in See.

Um 12. September erblickten wir Porto Santo und Madeira, und am folgenden Tag kamen wir auf der Reede von Funchial an, wo wir das Schiff vor dem Stromanker festlegten. Um nächsten Tag riss beim Lichten das Seil des Ankerpfahls den Oberbootsmann Wein über Bord, und er ging mit dem Anker unter.

Dieser wurde sofort wieder gehoben, allein es war zu spät. Der Unglückliche, dessen Körper sich in das Seil verwickelt hatte, war ertrunken. In der Nacht vom 18. auf den 19. gingen wir wieder unter Segel.

Auf dem Weg von Teneriffa nach Bonavista sahen wir eine große Menge fliegender Fische. Am 25. Oktober segelten wir in der Länge von 29 Graden 30 Minuten mit den üblichen Feierlichkeiten durch den Äquator. Am Abend des 29. beobachteten wir jenen lichten Glanz in der See, den die Seefahrer so oft erwähnen. Über seine Entstehung waren die Forscher verschiedener Meinung. Wir waren der Ansicht, dass er von irgendeinem glänzenden Tier herrührt, und fanden, nachdem wir ein kleines Netz ausgeworfen hatten, unsere Meinung bestätigt, denn wir fingen

Abb. 2: Die Endeavour. beim Auslaufen.

eine Medusenart, die an Bord ein weißes Licht von sich gab. Gleichzeitig fingen wir auch verschiedene kleine Krebse, die, obschon sie zehnmal kleiner als Johanniswürmchen sind, doch ebenso stark wie diese leuchteten. Herr Banks konstatierte mit vielem Vergnügen, dass alle diese Tierchen noch von niemand beschrieben worden waren.

Um 8. November erblickten wir die Küste von Brasilien. Wir lavierten dann bis zum 12. längs der Küste hin, und am 13. segelten wir dem Hafen von Rio de Janeiro zu. Wir waren vom 14. November bis zum 7. Dezember hier[1]. Dr. Solander war einmal an Land, ich selbst verschiedene Male, und Herr Banks fand ebenfalls Gelegenheit, sich durch die Wachen zu schleichen. Dr. Solander sagte mir in Bestätigung der verdammenden Urteile mehrerer Reisenden über die Sittenlosigkeit der Damen von Rio de Janeiro, dass sobald es dunkel geworden wäre, sich fast alle Damen in den Fenstern gezeigt und die vorübergehen-

---

1 Cook wurde von dem ungebildeten Vizekönig, der sich den Durchgang der Venus als den „Durchgang des Nordsterns durch den Südpol" erklärte, aufs Äußerste schikaniert, als Feind behandelt, scharf bewacht und in jeder Weise aufgehalten.

den Herren, soweit sie ihnen zusagten, mit Blumen überschüttet hätten. Was in einem Land eine unanständige Vertraulichkeit ist, ist in einem anderen Land Sitte. Ich für meinen Teil kann nichts weiter sagen, als dass ich von der Wahrheit der Sache selbst sehr überzeugt bin.

Am 14. Januar 1769 liefen wir in die Le Mairestraße ein. Wir wurden aber durch die Strömung vertrieben. Und gingen schließlich in der „Bai des guten Successes" vor Anker. Am 16. gingen Banks und Dr. Solander mit ihren Leuten, unserem Schiffsarzt Monkhouse und Herrn Green, dem Astronomen, an Land, um Pflanzen zu suchen. Dabei überfiel sie ein Schneegestöber. Eine eisige Kälte setzte ein, sodass Dr. Solander der ermüdeten Gesellschaft den Rat gab, sich des Schlafes zu erwehren. „Wer sich niedersetzt", sagte er, „der wird einschlafen, und wer einschläft, wird nicht mehr erwachen!" Und er war der Erste, der dem Drang zu schlafen folgte. Umsonst bat ihn Herr Banks, sich zu ermannen; er legte sich nieder. Und seinem Beispiel folgte der Schwarze Richmond, ein Diener von Banks, der auf alle Vorhaltungen nur antwortete, dass er nichts weiter verlange, als sich niederzulegen und zu sterben. Der Doktor erklärte — obschon er kurz vorher gewarnt hatte: „Hier einschlafen und sterben sei eins" — er wolle gerne fortgehen, müsse aber vorher ein wenig schlafen. In kaum zwei Minuten fielen beide in tiefen Schlaf. Bald darauf kam einer von den ausgeschickten Leuten mit der angenehmen Meldung, dass an geschützter Stelle im Wald ein Feuer angezündet worden sei. Herrn Banks gelang es mit vieler Mühe den Doktor auszuwerfen Obgleich dieser nicht länger als fünf Minuten geschlafen hatte, so war er doch nicht mehr imstande seine Glieder zu gebrauchen; seine Muskeln waren so sehr eingeschrumpft, dass ihm die Schuhe von den

Füßen fielen. Trotzdem erklärte er sich zum Marsch bereit, wenn man ihn unterstütze. Der arme Richmond war nicht wachzukriegen. Herr Banks ließ seinen zweiten Schwarzen und einen Matrosen, die am wenigsten von der Kälte gelitten zu haben schienen, als Wache zurück und versprach sie bald abzulösen. Hierauf schleppte er den Doktor zum Feuer hin. Später sandte er zwei Leute, nachdem sie sich durchwärmt hatten, mit dem Auftrag ab, Richmond mithilfe seiner Wache herbeizuschleppen.

Nach einer halben Stunde kamen sie mit der Nachricht wieder, dass sie trotz eifrigen Suchens und Rufens von den drei Zurückgebliebenen keine Spur entdeckt hätten.

Zum Unglück fing es stark zu schneien an, so dass man alle Hoffnung auf die Rettung der Verunglückten aufgab. Um Mitternacht hörte man in einiger Entfernung rufen. Herr Banks machte sich sogleich mit vier Leuten auf den Weg und fand den Matrosen, der kaum noch die Kräfte hatte, heranzutaumeln und um Hilfe zu rufen. Man brachte ihn sogleich zum Feuer, nachdem er die Richtung angegeben hatte, wo er sich von seinen Gefährten getrennt hatte. Herr Banks fand die Gesuchten dann auch glücklich auf. Richmond stand auf den Füßen, war aber nicht imstande, sich zu bewegen. Sein Gefährte lag auf dem Boden und war unempfindlich wie ein Stein. Banks alarmierte jedermann am Feuer. Allein die vereinten Kräfte der ganzen Gesellschaft reichten nicht hin, die Verunglückten nach dem Feuer zu schleppen. Die Finsternis und der tiefe Schnee erschwerten das Fortkommen derart, dass jeder Einzelne genug mit sich zu tun hatte. Da auch des fallenden Schnees wegen der Versuch, an Ort und Stelle Feuer anzuzünden, scheiterte, so sah man sich in die traurige Notwendigkeit versetzt, die Unglücklichen ihrem Schicksal zu überlassen. Man machte ihnen ein Lager von Zweigen zurecht und bedeckte sie mit Reisern und Laub. Die Kälte und der Schnee setzten den Rettern derart zu, dass einige von ihnen gefühllos zu werden begannen; Banks' Diener Briscoe wurde so krank, dass man glaubte, er würde sterben. Endlich erreichten sie ihre Lagerstätte, doch brachten sie die Nacht in der fürchterlichsten Gemütsverfassung zu.

Von den zwölf Personen, die in guter Gesundheit aufgebrochen waren, hielt man zwei für tot, ein Dritter war schwer erkrankt, die übrigen litten unbeschreiblich. Man war eine starke Tagesreise vom Schiff entfernt. Der Weg dahin ging durch unbekannte Wälder.

Wie leicht konnte man sich hier verirren! Außerdem war der Proviant aufgezehrt. Dabei diese furchtbare Kälte, die man selbst in Lappland für etwas Unerhörtes halten würde.

Dumpf vor sich hinbrütend wartete jedermann auf den Tagesanbruch Um sechs Uhr des Morgens fasste man Hoffnung. Das Gewölk fing an sich zu zerteilen, und man konnte den Ort sehen, wo die Sonne hervorbrechen wollte. Herr Banks ließ sofort nach den beiden Verunglückten sehen und erhielt die traurige Gewissheit, dass sie gestorben waren. Um acht Uhr stellte sich Tauwetter ein, und da sich die Kranken besser fühlten, so brach die Gesellschaft, nachdem sie einen Geier roh verspeist hatte, um zehn Uhr auf.

Nach einer dreistündigen, beschwerlichen Wanderung sahen sich die Verirrten am Strand und in der Nähe des Schiffes. Sobald sie an Bord waren, wünschten sie einander zu ihrer Rettung Glück; ich

Abb. 3: Feuerländer Indianer in ihrer Hütte (nach einem alten Stich).

selbst hatte wegen ihres Ausbleibens große Angst ausgestanden und nahm daher freudigen Herzens an dem allgemeinen Jubel teil.

Um 20. Dezember suchte Herr Banks in Begleitung des Doktors das Dorf einiger feuerländischer Familien auf, das sich nach dem Bericht unserer Leute etwa zwei Meilen landeinwärts befinden sollte. Als sie sich dem Dorf näherten, kamen ihnen zwei Feuerländer im Sonntagsstaat entgegen und begrüßten sie mit lautem Freudengeschrei. Dann geleiteten die Feuerländer ihre vornehmen Gäste in das Dorf, das auf einem waldigen Hügel aufgebaut war und etwa aus fünfzehn äußerst primitiven Hütten bestand, die die Gestalt großer Bienenkörbe hatten. Von Hausgeräten war hier nichts zu sehen. Eine Rasenbank vertrat die Stelle eines Bettes und der Stühle, die Blase irgendeines Tieres diente als Wasserbehälter, ein Handkorb und ein Ranzen bildeten den ganzen Reichtum dieser Leute. Der ganze Stamm, Männer und Weiber, Jung und Alt, zählte kaum fünfzig Personen. Ihre Hautfarbe war eisenrostartig. Die Männer sind bis zu 5 Fuß 10 Zoll groß und in Bewegung und Haltung vierschrötig, die Weiber sind bedeutend kleiner. Die Kleidung besteht aus dem Fell eines Seehunds oder eines Guanicoes, das ungegerbt über die Schulter geworfen wird. Die Männer tragen das Fell offen; die Weiber, denen ein kleiner Lappen als „Feigenblatt dient, binden es mit einem Riemen um den Leib. Obwohl Männer wie Weiber sonst ganz nackt gehen, so bemalen sie doch ihr Gesicht mit weißen, grellroten und schwarzen Figuren und Streifen und tragen am Arm und an den Fußgelenken Armbänder aus kleinen Muscheln und Knochen. Die liebe Eitelkeit ging so weit, dass sie sogar Glaskorallen den Messern und Beilen verzogen.

Die Sprache besteht zum größten Teil aus Gurgellauten, wie wir sie ausstoßen, wenn uns etwas in die falsche Kehle gekommen ist; doch sagen sie für Zierraten: halleca, und für Wasser: ooda. Sie leben in der Hauptsache von Muscheltieren. Die Waffe dieser Naturmenschen, Pfeil und Bogen, war der einzige Gegenstand, in dessen Verfertigung sie Geschmack und Begabung zeigten. Da sie im Besitz von unechten Ringen, Knöpfen, Tuch und sonstigem Zeug waren, und da seit vielen Jahren kein europäisches Schiff so weit nach Süden vorgedrungen ist, so liegt die Annahme nahe, dass dieser Stamm nomadisierend in der Terra del Fuego lebte und vom Norden gekommen sein musste.

Auch kannten sie die Waffe der Weißen, unser Gewehr, denn sie baten Herrn Banks einen Seehund zu erlegen, der sich in der Nähe zeigte. Unter ihnen herrschte vollkommene Gleichheit. Keiner war Herrscher im Land, trotzdem lebten sie in vollkommener Eintracht miteinander. Auch hatten sie keine Götzen und wohl auch keine Religion. Das abergläubische Geschrei, mit dem sie uns durch ihre „Priester" beschworen, kann doch keine Religionsbetätigung[2] sein. Im Ganzen genommen schienen diese menschenähnlichen, armseligen, hilflosen Wesen der Auswurf der Menschheit zu sein. Hingegen sind sie auch der bitteren Sorgen ledig, die uns unsere verfeinerte Kultur aufbürdet, um die Begierden, die sie schafft, stillen zu können.

Um 26. Januar steuerten wir vom Kap Horn ab.

Um 13. Februar befanden wir uns 12° westwärts von der Magellanstraße. Erst am 4. April sichtete Peter Briscoe, ein Diener Banks', im Süden Land.

Ich richtete sogleich meinen Kurs dahin und fand, dass es sich um eine eiförmige Insel handelte, in deren Mitte sich eine Lagune befand. Ich taufte sie deshalb die Laguneninsel. Die kupferfarbigen Bewohner dieser Insel sammelten sich am Strand und trugen große Spieße, mit denen sie aufgeregt hin und her liefen.

Um ein Uhr steuerten wir nach Nordwesten und entdeckten eine neue Insel, die ich Thrumbkap nannte.

Um drei Uhr fanden wir eine armbrustartige Insel, die bewohnt war; ich hieß sie die Bow-Insel, Bogeninsel. Am 6. entdeckten wir verschiedene Eilande, die ich die „Gruppen" nannte, am 7. die Vogelinsel, am 8. die Ketteninsel, am 10. Maitea, die Kapitän Wallis zu-

---

2 Die „Weißen" galten den Mexikanern nicht als die Repräsentanten der guten Götter, sondern als die des Dämons. Als solche galten auch Cook und seine Leute den Feuerländern, deren primitive Religion in der Versöhnung des Bösen bestand, da ja das Gute nicht zu fürchten war.

Abb. 4: Ankunft in der Matavaibai.

erst entdeckt und die er Osnabrückinsel genannt
hatte.

Am folgenden Morgen früh entdeckten wir Otahiti.

Um 11 Uhr waren wir so nahe, dass verschiedene
Kähne mit Eingeborenen, die Palmzweige mit sich
führten, uns anliefen und uns die Zweige als Frie-
denszeichen überreichten. Um nächsten Morgen um
7 Uhr gingen wir in der Port Royal Bai, die von den
Eingeborenen Matavai genannt wird, vor Anker. Die
Eingeborenen umringten das Schiff sofort mit ihren
Kähnen und brachten uns Kokosnüsse, Äpfel, Brotfrüchte und Fische, die sie uns für Glaskorallen und
andere Kleinigkeiten überließen. Unter ihnen befand
sich Owhah, ein alter Häuptling, den die früheren
Begleiter des Kapitäns Wallis, Herr Gore und andere,
die mich auf meiner Reise begleiteten, sofort erkannten.

Ich lud den alten Herrn an Bord und machte ihm einige Geschenke. Zugleich ordnete ich durch einen Befehl den Verkehr meiner Leute mit den Eingeborenen, um Preisdrückereien und anderem vorzubeugen. Hauptsächlich untersagte ich, dass Waren gegen irgendetwas anderes als Lebensmittel umgetauscht werden sollten. Sobald das Schiff gehörig gesichert war, ging ich mit den Herren Banks und Dr. Solander unter dem Schutz einer Abteilung Seesoldaten mit unserem Freund Owhah an Land. Die zahlreich versammelten Eingeborenen ließen uns grüne Zweige überreichen und bezeigten uns große Ehrfurcht. Am nächsten Tag kamen zwei Häuptlinge an Bord und wählten Herrn Banks und mich mit großem Zeremoniell zu ihren Freunden. Mataha lud uns dann zu sich ein.

Weil ich einen bequemeren Hafen zu finden hoffte, ließ ich zwei Boote aussetzen und ging mit Banks, Dr. Solander und den anderen Herren in Gesellschaft unserer beiden eingeborenen Freunde an Bord, um unter der Führung der letzteren die Reise anzutreten. Als wir eine Seemeile weit gerudert waren, winkten uns die Häuptlinge an Land zu steuern. Der Zulauf des Volkes war so groß, dass wir uns bald von etlichen Hundert Personen umringt sahen. Man geleitete uns sofort in ein stattliches Haus, wo uns Tootahah, der Regent des Landes, begrüßte und mit dem Geschenk wohlriechender Tücher bedachte. Das Tuch, das er Herrn Banks überreichen ließ, war 33 Fuß lang und 6 Fuß breit.

Herr Banks erwiderte das Geschenk mit einem seidenen Spitzenhalstuch und mit einem Taschentuch. Tootahah legte den neuen Staat mit stolzer und selbstgefälliger Miene an. Doch es ist Zeit, dass ich auch die Damen erwähne, die uns nach unserer Verabschiedung von dem Oberhäuptling in ihre Häuser geleiteten. Sie erwiesen uns alle Aufmerksamkeiten und schienen auch kein Bedenken zu tragen, ihre Gefälligkeiten allenfalls noch weiter zu treiben. Die Häuser hatten keine Seitenwände, man blieb also niemals ungesehen. Das hinderte die Schönen nicht, auf die Matten zu deuten, sich niederzulassen und uns zu sich hinabzuziehen. Wir beurlaubten uns jedoch von ihnen und gingen der Küste entlang. Unterwegs begegnete uns der Häuptling Tuburai Tamaide an der Spitze seiner Leute. Wir schlossen sofort einen Friedensvertrag mit ihm ab und folgten dann seiner Einladung zu einem Imbiss.

Während der Tafel erwies eine von den Gemahlinnen des Häuptlings, die Tomio hieß, Herrn Banks die Ehre, sich dicht neben ihn zu setzen. Tomio war nicht mehr in der Blüte ihrer Jugend und Schönheit. Aus diesem Grunde schenkte ihr auch Herr Banks keine besonderen Aufmerksamkeiten. Als ihm unter den Umstehenden ein sehr schönes Mädchen in die Augen fiel, winkte er sie heran. Die Schöne zierte sich anfänglich, folgte dann aber der Einladung. Nun beschenkte sie Banks mit Glaskorallen und anderen Kleinigkeiten. Tomio war zwar etwas beleidigt, aber sie blieb ebenso aufmerksam und höflich gegen ihren Gast wie zuvor. Diese Szene hätte wohl noch interessanter und rührender werden können, wäre sie nicht durch einen ernsten Zwischenfall gestört worden. Dr. Solander und Herr Monkhouse machten nämlich die unangenehme Entdeckung, dass sie bestohlen worden waren, und zwar war Ersterer um ein kleines Taschenperspektiv und Letzterer um seine Schnupftabakdose bestohlen. Dieser Diebstahl verdarb allen die gute Laune. Die Herren beschwerten sich bei dem Häuptling. Und um der Beschwerde mehr Nachdruck zu geben, sprang Herr Banks auf und stieß mit drohender Gebärde den Kolben seiner Büchse auf den Boden, wodurch er der ganzen Gesellschaft einen solchen Schrecken einjagte, dass sie Hals über Kopf zum Haus hinauslief. Dem Häuptling gelang es binnen Kurzem, die gestohlenen Gegenstände herbeizuschaffen und ihren rechtmäßigen Eigentümern auszuhändigen, worauf wir versöhnt nach dem Schiff zurückkehrten.

Zweites Kapitel.

Die Bewohner von Tahiti. — Ihre Stehlsucht. — Wir bauen ein Fort. — Lustbarkeiten — Oberea die Königin, und ihr Günstling. — Tootahah, der Regent. — Ringkämpfe. — Seltsame Besuchssitte. — Freie Liebe.

Am nächsten Tag ging ich mit den Herren Banks, Dr. Solander und Green an Land, um dort einen Platz für ein kleines Fort und unsere Sternwarte aufzusuchen. Wir waren bald über den Platz schlüssig und steckten auf der nordöstlichen Spitze der Bai die Grenzen ab, wo wir auch ein Herrn Banks gehörendes Zelt aufschlugen. Wie bei allem, was wir taten, so versammelte sich auch diesmal eine große Menge Zuschauer, die ohne Waffen gekommen waren, um uns.

Unter ihnen befand sich auch Owhah, dem ich durch Zeichen verständlich zu machen suchte, dass wir den Platz, den wir abgesteckt hatten, nicht für immer, sondern nur für die Zeit unseres Aufenthalts beanspruchten. Ich kann nicht sagen, ob er mich verstanden hat. Die Eingeborenen betragen sich zu meiner Freude gefällig und ehrerbietig; sie hockten ganz friedfertig außerhalb des abgesteckten Kreises nieder und schauten uns zu, solange wir arbeiteten.

Wir beschlossen, obwohl uns Owhah durch Zeichen abriet, uns im Innern des Waldes umzusehen. Wir ließen unsere Seesoldaten unter dem Befehl eines Unteroffiziers zur Bewachung des Zeltes zurück und begaben uns in Begleitung einer großen Anzahl Eingeborener in den Wald. Als wir über einen kleinen Fluss setzten, flogen einige Enten auf. Banks schoss und erlegte drei Stück davon. Der Schuss jagte den Eingeborenen einen solchen Schrecken ein, dass die meisten wie vom Blitz getroffen zu Boden fielen; doch sie erholten sich bald von ihrer Furcht, und wir setzten unsere Reise fort. Plötzlich fielen zwei Schüsse in der Richtung des Zeltes. Wir brachen in großer Besorgnis so schnell als möglich dorthin auf und fanden den Platz um das Zelt von den Eingeborenen geräumt.

Der wachhabende Unteroffizier meldete, dass einer der Eingeborenen dem Posten das Gewehr entrissen habe und damit entflohen sei. Man habe ihn verfolgt und erschossen, sonst sei niemand getötet oder verwundet worden. Wir rechtfertigten Owhah und den Häuptlingen gegenüber das Vorgehen unserer Leute und bedeuteten ihnen, dass wir niemand ein Leid zufügen würden, der uns und unsere Leute in Frieden lasse. Wir brachen hierauf das Zelt ab und gingen ärgerlich über den Vorfall an Bord.

Am folgenden Morgen war der Strand ziemlich leer. Niemand von unseren eingeborenen Freunden, selbst unser treuer Owhah nicht, ließ sich blicken Beweis genug, dass man uns grollte. Unter diesen Umständen segelte ich näher an die Küste und legte das Schiff so vor Anker, dass unsere Kanonen den ganzen nordöstlichen Teil der Bai und insbesondere den Platz bestreichen konnten, den ich zur Erbauung des Forts abgesteckt hatte. Am 17. starb zu unserem größten Leidwesen Herr Buchan, ein begabter Maler, den Herr Banks mitgenommen hatte, an den Folgen des Abenteuers auf der Terra del Fuego. Aus Rücksicht auf die Eingeborenen begruben wir ihn nicht auf der Insel, sondern wir übergaben seinen Leichnam unter großen Feierlichkeiten der See. Am Vormittag desselben Tages statteten uns Tootahah und Tubourai Tamaide ihren Gegenbesuch ab. Auch brachten sie Geschenke mit, Brotfrucht und ein gebratenes Schwein. Ich machte jedem ein Beil und einen Nagel zum Gegengeschenk. Am Abend gingen wir an Land und schlugen ein Zelt auf, worin Green und ich die Nacht zubrachten, um eine Finsternis des Jupitertrabanten zu beobachten; weil sich aber der Himmel bewölkte, wurde nichts daraus.

Nach Anbruch des Tages begannen wir mit dem Bau des Forts. Zu meiner Beruhigung machten sich die Eingeborenen dadurch nützlich, dass sie die im Wald gehauenen Pfosten und Faschinen herbeischleppten, die ich ihnen ehrlich bezahlt hatte. Kein Baum war ohne ihre Erlaubnis gefällt worden. Diese Rücksichtnahme auf ihre Eigentumsrechte machte so guten Eindruck, dass der Oberhäuptling Tamaide bei einem Besuch nicht nur seine Familie, sondern auch das Wetterdach eines Hauses und allerhand Baugeräte mitbrachte und erklärte, seine Residenz in unserer Nachbarschaft aufschlagen zu wollen. Am 22. veranstaltete Tootahah ein Konzert zu unseren Ehren. Das Orchester bestand aus vier Flötisten, die ihr Instrument mit der Nase bliesen, und vier Sängern, die immer eine und dieselbe Melodie spielten und sangen. An einem Abend lieh Dr. Solander einer von den Frauen Tamaides sein Messer, bekam es aber nicht wieder; am folgenden Morgen vermisste Herr Banks das Seinige. Bei dieser Gelegenheit will ich betonen, dass unterschiedslos die Männer und die Frauen dieses Volkes die größten Diebe auf Erden sind.

Bereits am Tag unserer Ankunft, als uns die Eingeborenen an Bord unseres Schiffes besuchten, waren die Häuptlinge ebenso beschäftigt unsere Kabinen zu bestehlen, wie ihre Leute die anderen Teile des Schiffes. Banks beschuldigte Tamaide, ihm sein Messer gestohlen zu haben. Der Oberhäuptling leugnete feierlich. Banks erfuhr bald, dass sein eigener Bedienter das Messer verlegt hatte, und er beeilte sich, den Häuptling zu versöhnen.

Am 26. stellte ich sechs Drehbassen im Fort auf, wodurch die Eingeborenen in Furcht gerieten; einige Fischer, die auf der Landspitze der Bai wohnten, verzogen deshalb nach dem Innern der Insel. Am nächsten Morgen langten zahlreiche Kähne an, und die Zelte im Fort wimmelten von Männern und Frauen, die aus allen Teilen der Insel hergekommen waren.

Ich hatte an Bord zu tun; allein unser Steuermann Mollineux, der schon einmal mit Kapitän Wallis in Otahiti war, ging für mich an Land. Als er in das Zelt des Herrn Banks trat, fiel ihm sofort eine Frau auf, die mit mehreren anderen dort saß. Kaum erblickte er sie, so erkannte er in ihr Oberea, die Königin der Insel, die nach dem Zeugnis des Kapitäns ihm so wertvolle Dienste geleistet hatte. Auch sie erkannte den Steuermann wieder. Oberea war sehr groß, ihre Haut war weiß und ihr Gesicht schien ungemein geistreich und empfindsam Sie war ungefähr vierzig Jahre alt und musste in ihrer Jugend sehr schön gewesen sein.

Als Banks hörte, wer sie war, erbot er sich, sie an Bord des Schiffes zu geleiten. Die Königin nahm den Vorschlag mit Freuden an und kam mit zwei Häuptlingen und ihren Frauen an Bord, wo ich sie feierlich empfing und mit Geschenken überhäufte. Am besten gefiel der erlauchten Dame eine Kinderpuppe. Alsdann begleitete ich sie an Land, wo wir Tootahah begegneten, der zwar nicht König, als Regent aber mit der höchsten Gewalt bekleidet war. Es schien ihm wenig zu gefallen, dass wir die Königin mit so großer Auszeichnung behandelten. Und als sie ihre Puppe zeigte, wurde er so eifersüchtig, dass ich ihm, um ihn zu versöhnen, auch eine Puppe schenken musste, die er sogar einem schönen Beil vorzog. Kurz danach fielen die Puppen so im Kurs, dass sie niemand mehr wollte.

Die Männer, die uns besuchten, pflegten ohne das geringste Bedenken an unserem Tisch zu speisen.

Die Frauen und Mädchen hingegen waren nie dazu zu bewegen gewesen. Auch heute lehnten sie unsere Einladung ab, verfügten sich aber in das Speisezimmer der Bedienten, wo sie es sich gut schmecken ließen.

Der Grund dieses Betragens blieb uns ein Rätsel.

Am nächsten Morgen erwiderte Herr Banks den Besuch der Königin. Es war nicht mehr sehr früh, als er erschien. Trotzdem sagte man ihm, dass sie noch unter der Wetterdecke ihres Kahnes schlafe. Er begab sich dorthin in der Absicht sie zu wecken, weil er glaubte, dass er sie durch diese etwas familiäre Art schwerlich beleidigen würde. Als er aber in ihre Kajüte blickte, fand er sie mit Obadec, einem stattlichen jungen Mann von fünfundzwanzig Jahren, zusammen.

Banks wich beschämt zurück. Man gab ihm aber zu verstehen, dass dergleichen Intimitäten landesüblich seien; außerdem wäre es kundig, dass Obadec der Günstling der Königin wäre. Zu höflich, Herrn Banks lange antichambrieren zu lassen, kleidete sich Oberea schnell an und ging dann in seiner Begleitung nach den Zelten.

Kapitän Wallis hatte eines der Steinbeile der Insulaner nach England gebracht, nach dessen Muster die Admiralität ein eisernes Beil verfertigen ließ, das ich mitnehmen musste, um den braunen Herrschaften mit unserer Industrie zu imponieren. Als ich Tootahah dieses Beil zum Geschenk machte, um ihn wegen des Forts, das ich mit zwei Vierpfündern und sechs Drehbassen bewehrt hatte, zu beruhigen, war er von dem Geschenk derart entzückt, dass er in der Furcht, das Geschenk würde mich reuen, sofort davonlief, um es in Sicherheit zu bringen. Leider wurde uns nebst mehreren anderen Gegenständen ein Quadrant gestohlen, den wir unter jeder Bedingung haben mussten.

Meine Leute setzten daher den guten Tootahah als Geisel gefangen. Zum Glück kam ich rechtzeitig zurück, um ihn zu befreien. Wir erhielten die gestohlenen Sachen ausgeliefert. Die Insulaner grollten mehrere Tage, allein es gelang uns, sie wieder vollständig zu versöhnen. Wir statteten Tootahah einen feierlichen Besuch ab.

Das Volk erwartete uns in so großer Menge am Strand, dass wir kaum hindurch gekommen wären, wenn nicht ein großer, mit einem Turban bekleideter Mann da gewesen wäre, eine Art von Zeremonienmeister, der mit einem weißen Stock um sich hieb und Platz schuf. Dieser seltsame Herr geleitete uns zum Oberhaupt, indes das Volk uns zujauchzte: „Tai Tootahah!", Tootahah ist euer Freund! Wir fanden ihn gleich einem biblischen Erzvater, umgeben von den Ältesten seines Staates, unter einem Baum thronend. Ich überreichte ihm zu den bedungenen Versöhnungsgeschenken noch ein Oberkleid von englischem Tuch, das er mit großer Freude empfing und sofort anlegte, und ein Hemd, das er seinem Zeremonienmeister übergab.

Dann lud er uns zu einem Wettkampf, einem Ringkampf ein, den er uns zu Ehren veranstaltet hatte.

Wir wurden nach einem großen Platz geführt, der von einem etwa drei Fuß hohen Rohrgitter umgeben und an die Residenz des Oberhäuptlings angebaut war. Tootahah saß in der Mitte der Preisrichter; wir zogen es vor, uns frei umherzubewegen. Als alles bereit war, traten die Kämpfer in den Kreis.

Sie waren bis auf ein Hüfttuch nackt. Die Anfangszeremonien des Ringkampfes bestanden darin, dass die Ringer in gebückter Haltung langsam rund im Kreise herumgingen und dabei die linke Hand auf ihre rechte Brust legten, während sie mit der rechten Hand den Takt auf ihrem linken Arm schlugen, eine Herausforderung an alle, die mit ihnen ringen wollten. Die direkte Herausforderung bestand noch darin, dass der einzelne Ringkämpfer seinen Gegner zum Kampf einlud, indem er die Hände auf die Brust legte und mit den Ellenbogen wippte. Hatte der Gegner dasselbe getan, so fuhren beide aufeinander los, wobei jeder seinen Gegner regellos zu packen suchte, an den Beinen, an den Armen, um den Leib und selbst an den Haaren, wobei nur die rohe Kraft entschied. Doch musste der Sieger den Besiegten auf den Rücken legen. Während des Ringens tanzten Tänzer einen der charakteristischen monotonen Tänze. Mit Erbitterung wurde nirgends gerungen. Wir konstatierten sogar, dass die Besiegten über ihr Pech lachten und scherzten. Das Wettringen dauerte etwa zwei

Stunden. Tootahah lud sich alsdann bei uns im Fort zu Gast, wozu er ein gebratenes Schwein lieferte. Unsere Aussöhnung mit diesem mächtigen Mann wirkte wie ein Zauber auf das Volk, das sofort mit vielem Eifer den unterbrochenen Tauschhandel mit uns wieder aufnahm. Doch blieb es nach wie vor schwer, Schweinefleisch zu erhalten. Die Herren Green und Mollineux hörten bei einem Ausflug, dass die meisten Schweine unserem Tootahah gehörten. Nunmehr fingen wir an, unseren Freund für einen mächtigen Fürsten zu halten, denn anders wären ein solcher Reichtum und eine so unumschränkte Gewalt nicht möglich. Bis jetzt hatten wir Kokosnüsse und Brotfrüchte immer noch mit Glaskorallen eingehandelt. Nun aber begann der Wert dieses Tauschartikels so bedeutend zu fallen, dass wir Nägel auf den Markt brachten. Für einen vierzölligen Nagel erhielten wir zwanzig Kokosnüsse und Brotfrucht in demselben Quantum.

Am 9. Mai besuchte uns, zum ersten Male seit dem Streit mit Tootahah, die Königin wieder. Oberea kam in Begleitung des Häuptlings Tupfa und ihres Günstlings Obadec, die uns ein Schwein und Brotfrüchte brachten, ein Geschenk, das wir mit einem Beil auslösten. Wir hatten inzwischen eine Schmiede im Fort aufgestellt. Der Schmied hatte beständig Arbeit, denn die Eingeborenen brachten altes Eisen, woraus ich ihnen neue Werkzeuge schmieden ließ. Die Königin hatte eine zerbrochene Axt mitgebracht, die ich ihr zu ihrer Zufriedenheit reparieren ließ. Alsdann verabschiedete sie sich mit dem Versprechen, nach drei Tagen Wiederkommen zu wollen. Unsere Namen richtig aussprechen zu lernen war den Insulanern ein Ding der Unmöglichkeit. Mich nannten sie Tuti, Herrn Hicks Hiti, Mollineux nach seinem Vornamen Bob Boba, Herrn Gore Tvora, Dr. Solander Torano, Herrn Banks Tapane, Herrn Green Eteri, den Maler Parkinson Patini und den Unteroffizier Monkhouse, der den Dieb der Muskete erschossen hatte, Matte, was soviel wie Tod bedeutet. Der letztere Umstand ließ uns darauf schließen, dass die Namen, die sie uns gegeben hatten, Worte ihrer eigenen Sprache bedeuteten.

Am 12. Mai, an einem Freitag, statteten uns einige fremde Frauen von Rang einen Besuch ab. Herr Banks saß am Tor des Forts in seinem Boot neben Tootahah und anderen vornehmen Eingeborenen, um die Marktgeschäfte zu erledigen. zwischen 9 und 10 Uhr landete ein großer Kahn, unter dessen Wetterdach ein Mann und zwei Frauen saßen. Tootahah bedeutete Herrn Banks, den vornehmen Fremden entgegen zu gehen. Bis er jedoch aus dem Boot kam, waren ihm jene schon bis auf dreißig Fuß nahegekommen. In dieser Entfernung hielten sie still und winkten ihm ein Gleiches zu tun. Hierauf legten sie ein halbes Dutzend Bäumchen und andere Pflanzen auf die Erde nieder. Das Volk hatte inzwischen von den Fremden bis zu Banks eine Gasse gebildet. Alsdann brachte der Mann, der ein Diener der vornehmen Frauen zu sein schien, die Bäumchen nacheinander Herrn Banks und sprach dazu einige Worte. Der Häuptling Tupfa versah das Amt eines Zeremonienmeisters des Herrn Banks. Er nahm die Zweige ebenso feierlich an und legte sie ins Boot. Nach dieser Feierlichkeit schleppte der Mann einen großen Ballen Tücher herbei, öffnete ihn und breitete den Inhalt stückweise zwischen Banks und seinen Gästen aus, wobei er jedes Mal drei Tücher aufeinander legte. Hierauf stieg eine der beiden Frauen, die Voratooa hieß und die vornehmere war, auf die Tücher, hob ihre Kleider ringsum bis an die Hüften auf und drehte sich mit der unschuldigsten Miene von der Welt feierlich und bedächtig dreimal im Kreise herum. Alsdann ließ sie den Vorhang fallen und trat wieder herunter. Jetzt legte man sechs Tücher und dann neun übereinander. Voratooa wiederholte jedes Mal die Zeremonie, der das Volk mit dem feierlichsten Ernst beiwohnte. Danach wurde das Tuch sofort aufgerollt und Herrn Banks als Geschenk von der Dame überreicht, die mit ihrer Freundin an ihn herantrat und ihn küsste. Er machte den beiden die auserlesensten Geschenke; die beiden vornehmen Insulanerinnen blieben etwa eine Stunde, dann fuhren sie heimwärts. Am Abend bekamen die Herren im Fort den Besuch der Königin und ihrer Freundin Oteothea, eines sehr schönen jungen Mädchens.

Am 13., als der Markt schon um 10 Uhr vorüber war, erging sich Herr Banks, der seine Kugelbüchse bei sich trug, im kühlenden Schatten des Waldes. Auf dem Rückwege traf er Tubourai Tamaide vor seinem provisorischen Wetterhaus und verweilte bei ihm. Dieser nahm die Gelegenheit wahr, nahm Herrn Bank die Büchse aus der Hand, spannte den Hahn und versuchte einen Schuss in die Luft abzufeuern. Zum Glück für ihn versagte der Schuss. Banks entriss ihm augenblicklich die Büchse. Da es von höchster Wichtigkeit war, die Insulaner in der Behandlung des Feuergewehrs in gänzlicher Unwissenheit zu erhalten, so erging sich Banks dem Häuptling gegenüber in den fürchterlichsten Drohungen. Tamaide hörte den Verweis mit großer Demut an, allein kaum hatte ihm Banks den Rücken gewendet, so enteilte er mit seiner ganzen Familie in sein Haus zu Eparre. Wir wurden sofort benachrichtigt, und da wir diesen einflussreichen Mann nicht zum Feind haben wollten, so reisten die Herren Banks und Mollineux noch an demselben Abend nach Eparre ab. Hier fanden sie den Oberhäuptling betrübt im Kreis seiner Leute sitzen; seine Lieblingsfrau hatte in ihrer Trauer über den Vorfall ihren Kopf mit einem Seehundszahn blutig gestoßen. In gleicher Weise hatte die Terapo schon vorher ihrem Schmerz Ausdruck gegeben. Banks beeilte sich also, den Häuptling zu beruhigen und ihm zu versichern, dass er weit davon entfernt sei, ihm zu zürnen. Tamaide war so froh darüber, dass er sofort zurückkehrte und zum Zeichen der vollständigen Aussöhnung mit seinen Frauen im Zelt des Herrn Banks übernachtete.

Am 4. Juni, an einem Sonntag, hielten wir im Fort Gottesdienst ab, wozu wir den Tamaide und andere vornehme Insulaner einluden. Herr Banks setzte sich mitten zwischen sie, und sie ahmten alles nach, was er tat; sie erhoben sich, setzten sich, knieten nieder, ganz wie er. Als jedoch der Gottesdienst vorüber war, bezeigten sie kein Interesse dafür, von uns zu erfahren, um was es sich hier gehandelt habe. Die Insulaner hielten dagegen eine Vesper von besonderer Art ab. Ein junger, sechs Fuß großer Mensch weihte nämlich ein junges, etwa zwölfjähriges Mädchen in Gegenwart einiger von unseren Leuten und einer großen Menge Volkes feierlich in die Mysterien des Venuskultes ein. Die ungenierte Art, womit er hierbei zu Werke ging, bewies ganz klar, dass er seine Handlungsweise nicht im geringsten für unschicklich und unanständig, sondern für eine im Gebrauch des Landes erlaubte und moralische hielt. Unter den Zuschauern befanden sich die Königin und viele Frauen von Stand, die sich nicht damit begnügten, bei dieser Zeremonie die Zuschauerinnen zu spielen, sondern im Gegenteil eifrig bemüht waren, der Novize Anleitungen zu geben, wie sie sich zu verhalten habe, obschon das Mädchen trotz seiner Jugend der Anleitungen eben nicht sehr zu bedürfen schien. Ich erzähle diesen Vorfall, weil er ein nicht unbedeutender Beitrag zur Lösung einer Frage ist, über die die Philosophen schon lange stritten, die Frage nämlich: „ob die Scham, die gewisse natürliche Handlungen begleitet, ihren Grund in der Natur selbst hat, oder ob sie aus Gebräuchen entstanden ist". Es dürfte sehr schwer werden zu erklären, wie es kam, dass der Schambegriff bezüglich gewisser Naturakte gerade diesem paradiesisch harmlosen Volke vollständig fehlt!

Ebenso verhielt es sich mit dem Begriff des Diebstahls und seiner Verwerflichkeit. Wir hatten wiederholt bemerkt, dass, sobald uns etwas gestohlen wurde, alle Insulaner schon vor uns davon Kenntnis hatten.

In der Nacht vom 13. auf den 14. Juni wurde uns eines von den am Fort aufgestellten Wasserfässern gestohlen; am anderen Morgen war kein Insulaner, der nicht von diesem Diebstahl gewusst hätte.

Drittes Kapitel.

Ein Besuch beim Regenten. — Der Durchgang der Venus. — Folgen ihres Kults. — Ein tahitisches Begräbnis. — Ein Hundebraten. Hoher Besuch. — Eine Reise um die Insel. — Lockungen.

Am 27. Juni beschlossen wir, dem Oberhäuptling Tootahah einen Besuch abzustatten, um ihn zur Lieferung einiger Schweine zu veranlassen. Ich ruderte daher frühmorgens mit Banks, Dr. Solander und drei anderen Herren in der Pinasse ab. Da wir den Weg nach Utahourou, der neuen Residenz Tootahahs, nur zur Hälfte im Boot zurücklegen konnten, so langten wir erst gegen Abend bei ihm an. Wir fanden ihn in seinem gewöhnlichen Staatsgewand unter einem großen Baum inmitten seines Volkes thronend und überreichten ihm unser Geschenk, das aus einem gelben Frauenunterrock und anderen Kleinigkeiten bestand und das er in Gnaden anzunehmen geruhte.

Die Menge des Volkes und der angesehensten Häuptlinge war so groß — auch die Königin war mit ihrem Gefolge erschienen — dass die Häuser nicht alle beherbergen konnten. Wir waren also gezwungen jeder woanders zu logieren. Oberea bot Herrn Banks höflich einen Platz in ihrem Quartier an. Banks war froh, so gut versorgt zu sein, wünschte uns gute Nacht und ging mit der Königin weg. Nach dem Landesgebrauch legte er sich frühzeitig schlafen, und da die Nacht sehr heiß war, so entkleidete er sich. Oberea bestand darauf, die Kleider in ihre eigene Verwahrung zu nehmen, damit sie nicht gestohlen würden.

Unter dem so mächtigen Schutz der Königin schlief Banks sorglos wie in Abrahams Schoß. Als er am 11 Uhr aufstehen wollte, waren seine Kleider verschwunden. Er weckte also die Königin, die sofort Licht machen ließ und ihm schwur, ihm die Kleider zu verschaffen. Auch Tootahah, der nebenan schlief und von dem Lärm erwachte, entfernte sich mit der Königin, um den Dieb zu suchen, der dem guten Banks nichts weiter zurückgelassen hatte als seine Beinkleider und seine Kugelbüchse, die nicht geladen war. Pulverhorn, Pistolen, Rock, Weste usw. waren verschwunden.

Nach einer halben Stunde kamen Oberea und Tootahah mit der Nachricht zurück, dass sie von dem Diebe keine Spur entdeckt hätten. Banks, der keine Ahnung von unserem Quartier hatte, machte gute Miene zum bösen Spiel. Gegen Morgen suchte er uns halbnackt auf.

Uns war es nicht viel besser ergangen; mir waren die Strümpfe gestohlen, einem anderen das Wams.

Oberea brachte ihrem Gastfreund einen Eingeborenenrock, und in diesem halb englischen, halb eingeborenen Kostüm ging Herr Banks einher. Nur Dr. Solander, der bei ehrlichen Leuten übernachtet hatte, war mit heiler Haut davongekommen. Unsere Kleider waren und blieben verschwunden. Wir hegten deshalb den ziemlich begründeten Verdacht, dass der Diebstahl mit Wissen und Willen der Königin und Tootahahs begangen worden war. Wir traten sobald als möglich den Rückmarsch zum Boot an und kamen des Abends spät nach dem Fort zurück.

Lord Morton hatte mir bei meinem Abschied dringend ans Herz gelegt, den Durchgang der Venus von verschiedenen Orten aus beobachten zu lassen.

Green und ich wollten das Ereignis vom Fort aus beobachten. Die erste Expedition unter dem Befehl des Herrn Hicks sollte im Osten der Insel, die zweite unter dem Befehl des Leutnants Gore aus Imao im Westen von Otahiti, einer Insel, die Kapitän Wallis Herzog-York-Insel nannte, die Beobachtung anstellen.

Zu diesem Zwecke stattete unser Astronom Green beide Expeditionen mit den nötigen Instrumenten aus und unterwies deren Leiter in ihrem Gebrauch. Herr Hicks brach mit seinen Leuten in der Pinasse auf. Für die zweite Expedition wurde das lange Boot ausgerüstet, aber man wurde erst Donnerstag Nachmittag fertig. An dieser Expedition nahm auch Banks mit Tamaide und mit Tomio teil, einer Verwandten des Königs von Imao. Nachdem die Bootsleute den größten Teil der Nacht hindurch gerudert hatten, gelangten sie an die Insel, wo sie sich vorläufig vor Anker legten. Bald nach Anbruch des Tages erblickte man einen eingeborenen Kahn, den Tamaide anrief, um sich nach einer Einfahrt zu erkundigen. In dieser erblickten sie einen von der Insel etwa 450 Fuß entfernten Korallenfelsen, der für ihre Zwecke günstig schien. Er war 240 Fuß lang, 60 Fuß breit, und zeigte in seiner Mitte einen Sandflecken, der für den Aufbau der Zelte reichte. Man beschloss daher die Sternwarte hier anzulegen. Während Gore und seine Leute die Zelte aufschlugen, ging Banks mit Tamaide und Tomio an Bord des Indianerkahns und fuhr nach der Hauptinsel, um Nahrungsmittel einzutauschen.

Bei seiner Rückkehr fand er die Sternwarte in Ordnung und die Fernrohre befestigt und geprüft. Der Abend war sehr heiter. Allein jedermann besorgte, dass der Himmel sich trüben könne, und so fand keiner den Schlaf. Sobald der Tag anbrach und die Sonne hell und klar unterging, stieg die Aufregung der Beobachter aufs höchste. Banks wünschte den Herren Gore und Monkhouse viel Glück und fuhr in Begleitung der Eingeborenen nach der Insel. Um 8 Uhr bemerkte er, dass sich zwei Kähne dem Platz näherten, den er sich für seine Geschäfte ausgesucht hatte. Man teilte ihm mit, dass die Kähne dem König der Insel, Tarrao, gehörten, der zu Besuch käme. Als der König sich näherte, bildete das Volk eine Gasse vom Strand bis zum Marktplatz, und Seine Majestät traten hierauf nebst dero Schwester Nuna an Land.

Als sie sich dem Baum näherten, unter dem Banks hielt; ging er ihnen entgegen und geleitete sie feierlichst zu seinem Platz, wo er ein Tuch ausbreiten und seine Gäste darauf sitzen ließ. Der König überreichte hierauf Herrn Banks ein Schwein, einen Hund und Früchte zum Geschenk, das dieser mit einem Beil, einem Hemd und einigen Glaskorallen erwiderte, womit er Sr. Majestät und der erlauchtesten Prinzessin viele Freude bereitete. Kurz darauf erschienen Tamaide und Tomio.

Diese stellte sich als Verwandte Tarraos vor und überreichte ihm einen großen Nagel und der Nuna ein Hemd zum Geschenk.

Als die erste innere Berührung des Planeten Venus mit der Sonne vorüber war, begab sich Herr Banks mit Tarrao und seinem Gefolge, worunter sich auch drei junge Schönheiten befanden, nach der Koralleninsel. Er zeigte ihnen durch das Fernrohr den Planeten auf dem Sonnenspiegel und suchte ihnen begreiflich zu machen, dass wir aus unserem Vaterland nur deshalb hergekommen wären, um dieses Ereignis zu beobachten. Am folgenden Morgen fuhren die Mitglieder der zweiten Expedition wieder nach dem Fort zurück. Auch die Ergebnisse unserer Beobachtungen waren befriedigend. Von Sonnenaufgang bis Sonnenuntergang war die Luft rein und der Himmel klar. Nach den Aufzeichnungen Greens geschah die erste äußere Berührung des Planeten der Sonnenscheibe um 9 Uhr 25 Minuten 42 Sekunden, die erste innere um 9 Uhr 44 Min. 4 Sek., die zweite innere Berührung um 3 Uhr 14 Min. 8 Sek. und die zweite äußere Berührung um 3 Uhr 52 Min. 10 Sek. Die Breite unserer Sternwarte war 17 Gr. 29 Min. 15 Sek., die westliche Länge von Greenwich 149 Gr. 52 Min. 30 Sek.

So große Ursache wir auch hatten, uns über den Erfolg unserer Observationen zu freuen, so sehr gab uns ein Teil des Schiffsvolks Anlass zum Ärger.

Während wir nämlich den Durchgang der Venus beobachteten, brachen verschiedene Matrosen in eine unserer Vorratskammern ein und entwendeten unge-

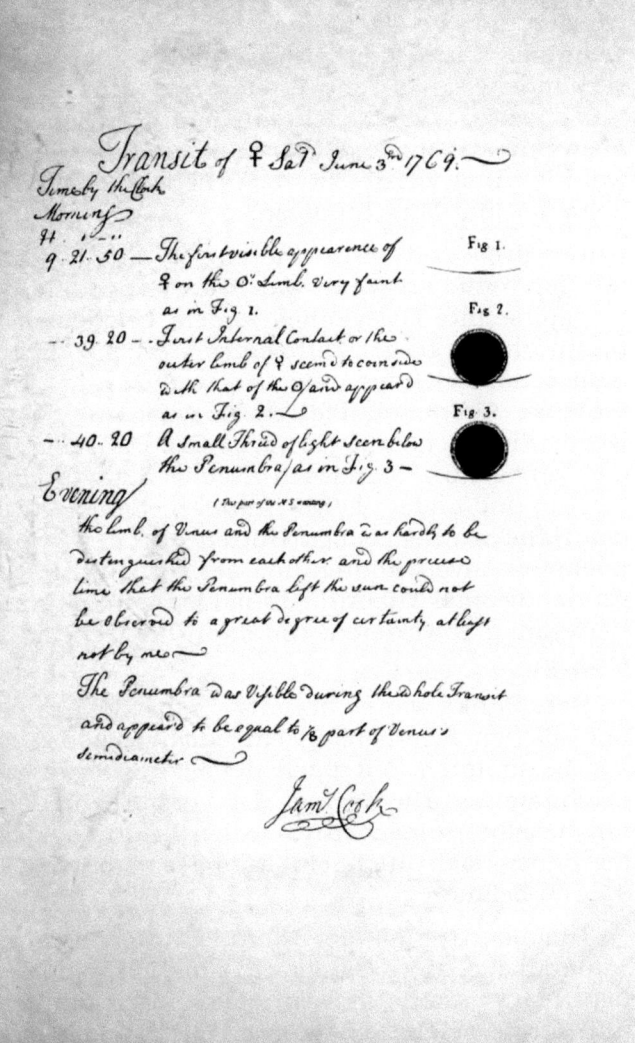

Transit of ♀ Sat June 3rd 1769.

Time by the Clock

Morning

9. 21. 50 — The first visible appearance of ♀ on the ☉s Limb very faint as in Fig 1.

Fig 1.

Fig 2.

.. 39. 20 .. First Internal Contact or the outer limb of ♀ seem'd to coincide with that of the ☉ and appear'd as in Fig 2.

.. 40. 20 A small Thread of light seen below the Penumbra as in Fig 3 —

Fig 3.

Evening (The part of the N.S evening,)

the limb of Venus and the Penumbra was hardly to be distinguished from each other and the precise time that the Penumbra left the sun could not be observed to a great degree of certainty, at least not by me

The Penumbra was visible during the whole Transit and appeared to be equal to 1/8 part of Venus's semidiameter

Jam Cook

Abb. 5: Dokumentation des Venustransits am 3. Juni. 1769 von James Cook.

fähr einen Zentner großer Nägel — eine Tat, von der wir den größten Nachteil zu befürchten hatten, denn wenn die Diebe diese Nägel an die Insulanerinnen verhandelten, so entwerteten sie unsere Haupttauschware. Wir entdeckten einen der Diebe, fanden aber nur sieben Nägel bei ihm; auch verriet er, obwohl ich ihm vierundzwanzig Hiebe aufbrennen ließ, keinen seiner Mitschuldigen.

Um diese Zeit starb eine alte „Frau von Rang, die mit der Tomio verwandt war. Dies verschaffte uns die längstersehnte Gelegenheit, einem Leichenbegängnis beizuwohnen. In der Mitte eines Vierecks, das mit einem schönen Gitter umgeben war, wurde eine Wetterdecke über zwei Pfosten ausgespannt. Darunter wurde die Leiche auf eine primitive Bahre gelegt und der Verwesung überlassen. Neben ihr wurden Brotfrüchte und andere Lebensmittel niedergelegt, und in der Nähe wurden einige Hütten errichtet, worin die nächsten Anverwandten und der vornehmste Leidtragende, diesmal Tubourai Tamaide, den Zeitpunkt der Verwesung abwarteten, um dann die Gebeine zu beerdigen.

Herr Banks war so begierig, in die Geheimnisse einer solchen Feierlichkeit einzudringen, dass er sich zur bestimmten Zeit nach dem Orte begab, wo der Leichnam lag. Die Tochter der Verstorbenen empfing ihn daselbst, umgeben von allen Leidtragenden, unter denen sich auch ein Knabe von etwa vierzehn Jahren befand.

Tamaide trug als der Hauptleidtragende eine seltsame Maske. Herr Banks musste sich nackt ausziehen; man wickelte ihm ein Lendentuch um den Leib und färbte seinen Oberkörper mit Kohlenstaub und Wasser so lange, bis er schwarz wie ein Schwarzer war. Diese Förmlichkeit nahm man auch mit den anderen, unter ihnen einige Frauen und Mädchen, die sich gleichfalls nackt ausziehen mussten, und mit dem Knaben vor. Tubourai Tamaide sprach jetzt eine Art von Trauergebet, dann setzte sich der Zug in Bewegung. Als man an das Haus Tamaides kam, betete dieser wiederum, dann nahm der Zug seinen Weg nach dem Fort hin. Die nicht zum Trauergeleit gehörenden, in der Nähe des Forts angesiedelten Insulaner flüchteten beim Herannahen des Zuges in die Wälder, und so war es überall, wo sich dieser zeigte. Banks hatte als sogenannter „Niniveh" mit noch zwei anderen das Amt, darüber zu wachen, dass kein lebendes Wesen in den Häusern weilte, und hatte dies Tamaide mit dem Wort: imatatal es ist niemand da! zu melden. Der erste Leidtragende trug in seiner Hand einen langen, flachen Stock, dessen Ränder mit scharfen Seehundszähnen besetzt sind. Entdeckt er einen Fremden, so verprügelt er ihn aufs Unbarmherzigste mit dieser Waffe. Nach dem Umzug wuschen sich alle Teilnehmer im Fluss.

Die letzten Fleischteile der Leiche wurden im Verwesungshaus, dem Tupapow, sorgfältig von den Knochen abgeschabt, worauf diese in dem ummauerten Begräbnisplatz, dem Morai, begraben wurden. War der Verstorbene ein Arrih, ein Häuptling, so wird seine Hirnschale in einem besonderen Kästchen neben seinen Gebeinen begraben. Alsdann ist die Trauer zu Ende. Offiziell wenigstens. Es kommt oft vor, dass sich besonders die Frauen später noch mit den Seehundezähnen verwunden, wenn sie sich bei irgendeiner Gelegenheit an den Verlust eines teuren Anverwandten erinnern. Dies war auch bei der Terapo der Fall, als sie sich in unserer Gegenwart scheinbar ohne jeden Grund mit dem Seehundezahn bearbeitete.

Ihren Begräbnisplatz halten die Eingeborenen heilig.

Ich hatte ein Boot unter dem Kommando eines Offiziers an Land geschickt, um Steinballast zu holen.

Weil nun der Offizier nicht gleich die nötigen Steine fand, ließ er eine Moraimauer niederreißen. Die Insulaner widersetzten sich dem mit Gewalt. Herr Banks eilte hinzu und stiftete Frieden, indem er die Matrosen nach dem Fluss schickte, wo es Steine genug gab. Es ist gewiss sehr charakteristisch, dass die Eingeborenen von Otahiti gegen das, was man ihren Toten antat, weit empfindlicher als gegen das waren, was man mit den Lebenden vornahm. Das einzige Mal, wo sie es wagten, die Hand an einen von uns zu legen, geschah dies aus ähnlichem Anlass. Unser Schiffsarzt Monkhouse pflückte nämlich eines Tages eine Blüte von einem Baum, der sich in einem Morai befand.

Einer der Eingeborenen, der ihn mit Entrüstung beobachtet hatte, rannte ihn wütend an und schlug auf ihn ein, Monkhouse erwischte den Kerl, doch eilten diesem zwei andre zu Hilfe und zogen Monkhouse an den Haaren, sodass er seinen Gefangenen loslassen musste, der mit seinen Befreiern schnellfüßig flüchtete.

Am Abend des 19. Juni bekamen wir einen Besuch der Königin; es befremdete uns aber nicht wenig, dass Oberea ohne die uns gestohlenen Kleider erschien, obschon sie wusste, dass wir sie für die Hehlerin hielten.

Sie erklärte uns zwar, dass sie ihren Günstling Obadec davongejagt hätte, der der Dieb sei, allein sie musste fühlen, dass wir ihrem Märchen keinen Glauben schenkten. Trotzdem lud sie sich wieder bei

Herrn Banks zum Nachtquartier ein, was ihr abgeschlagen wurde.

Daraufhin zog sie sich maulend zurück. Am nächsten Morgen erschien sie wieder und brachte uns zur Versöhnung ein Schwein und einen Hund mit. Weil wir erfahren hatten, dass die Insulaner das Fleisch ihrer Hunde für einen großen Leckerbissen halten und es sogar dem Schweinefleisch vorziehen, kam uns die Lust an, uns den Hund braten zu lassen. Der Minister und Oberpriester der diebischen Königin, Tupia, erhielt den Auftrag, das Tier für uns zuzubereiten. Um den Hund zu töten, hielt er ihm mit aller Kraft über eine Viertelstunde Maul und Nase zu. In dieser Zeit war ein fußtiefes Loch gegraben und in dieses waren kleine Steine schichtweise zwischen das brennende Holz gelegt worden. Hierauf wurde der Hund über das Feuer gehalten, seine Haare wurden abgesengt und seine Haut wurde mit einer Muschel so rein abgeschabt, als wäre er in heißem Wasser gebrüht worden.

Sodann wurde er mit derselben Muschel geöffnet.

Man nahm die Eingeweide heraus, reinigte sie in der See und legte sie dann in die Kokosnussschalen, in denen man das Blut aufgefangen hatte. Sodann entfernte man den Brand aus dem Loch, in das ein Teil der heißen Steine gelegt wurde. Über diese kam frisches Laub, auf das der Hund und die Eingeweide gelagert wurden. Man bedeckte beides mit Blättern und legte über diese den Rest der heißen Steine.

Dann wurde das Loch mit Erde zugedeckt. Nach etwa vier Stunden wurde der Braten herausgenommen, der nach unserem einstimmigen Urteil ganz delikat schmeckte.

Die zum Verspeisen gezüchteten Hunde werden nicht mit Fleisch, sondern mit Brotfrucht, Kokosmilch und Yamswurzeln, einer Kartoffelart, gemästet.

Am 21. Juni wurden wir von Oamo besucht, einem sehr mächtigen Oberhäuptling, dem die Eingeborenen mit großer Ehrfurcht begegneten. Oamo kam mit einem Knaben von sieben Jahren und einem jungen Mädchen von etwa sechzehn Jahren. Der Knabe wurde von einem Mann getragen. Sobald man sie kommen sah, entblößten Oberea und sämtliche Eingeborenen innerhalb und außerhalb des Forts den Oberkörper und schritten so den Ankommenden entgegen.

Diese Entblößung war so gut wie die des Unterkörpers seitens der Ooratooa ein Zeichen ganz besonderer Ehrfurcht. Noch merkwürdiger war, dass die Insulaner wohl Oamo, nicht aber den Knaben und das Mädchen zu uns ins Fort ließen. Wir hörten später, dass Oamo der Gemahl der Königin war, von der er getrennt lebte. Der Knabe (der Thronerbe) und das Mädchen waren ihre Kinder. Das Mädchen war die Verlobte ihres Bruders Teridiri. Der wirkliche Oberkönig war ein Sohn des Oberhäuptlings Whappai namens Outou. Whappai, Oamo und Tootahah waren Brüder; Whappai war der älteste und Oamo war der zweite Bruder. Weil nun Whappai nur einen einzigen Sohn hatte, nämlich den Outou, so war Teridiri als der Sohn Oamos Kronprinz. Nach den Gebräuchen des Landes erbt ein Sohn mit seiner Geburt den Titel und die Macht seines Vaters. Das Volk wählt sodann einen Regenten, gewöhnlich den Vater.

Diesmal war die Wahl zum Regenten für Outou auf seinen Oheim Tootahah gefallen, weil sich dieser in einem Krieg ganz besonders ausgezeichnet hatte. Der intelligenteste von den drei Brüdern war jedenfalls Oamo, wie aus seinen Erkundigungen über England u. a. hervorging.

Die Besuche der verschiedenen Potentaten reizten uns zu einer Umschiffung der Insel, die denn auch Banks und ich am 26. Juni früh um 3 Uhr mit dem Maler Parkinson in der Pinasse bewerkstelligten. Wir nahmen unseren Weg ostwärts und landeten in Oahounue, das von dem jungen Oberhäuptling Ahio regiert wurde, der uns bereits mehrere Male besucht hatte.

Außer ihm trafen wir dort noch unsere alten Freunde Tituboalo und Hoona an, die uns hoch erfreut bewirteten. Von hier gingen wir zu Fuß weiter, während uns die Pinasse in Hörweite folgte. Unsre Freunde gaben uns das Geleit bis zum Hafen Ohidea, wo Herr von Bougainville mit der „Boudeuse" vor Anker gelegen hatte. Die Eingeborenen zeigten uns noch den Lagerplatz der Franzosen.

Wir stiegen hierauf in die Pinasse und luden Tituboalo ein, uns an die andere Seite der Bai hinüberzubegleiten. Er weigerte sich aber und riet uns von diesem Wagnis ab, weil die Eingeborenen auf der anderen Seite nicht Untertanen des Tootahah wären und uns alle ermorden würden. Man kann sich leicht denken, dass wir uns dadurch nicht ins Bockshorn jagen ließen. Wir luden aber unsere Büchsen mit Kugeln. Tituboalo, der das mit ansah, setzte so viel Vertrauen in den Blitz und den Donner unserer Gewehre, dass er sich anders besann und zu uns an Bord kam.

Nachdem wir die Nacht hindurch gerudert hatten, gelangten wir im Innern der Bai an eine Landenge, die Otahiti in zwei Teile teilte. Wir übernachteten auf unserer Seite. Auf Befehl der Ooratooa, eben jener

Dame, die Banks im Fort eine so eigenartige Reverenz erwiesen hatte, wurden wir hier gastfreundlich aufgenommen und beherbergt. Am nächsten Morgen sahen wir uns unsere Umgebung an und fanden, dass sie aus einem etwa zwei englischen Meilen breiten, sumpfigen Moorland bestand, über das die Eingeborenen ihre Kähne bis zur See hinüberziehen. Wir setzten hierauf unsere Reise nach dem feindlichen „Königreich" fort, das nach Tituboalos Angaben Tiarrabou hieß und von dem König Waheatua beherrscht wurde.

Unser eingeborener Reisegefährte schien neuen Mut gefasst zu haben. Das Volk von Tiarrabou, prophezeite er uns jetzt weniger bedrohlich, würde uns zwar nicht töten, aber es würde uns regelrecht verhungern lassen.

Und in der Tat hatten wir, seitdem wir mit ihm unterwegs waren, keine Brotfrüchte gesehen. Nachdem wir etliche Meilen weit gerudert waren, landeten wir in einem Gebiet, dessen Oberhäuptling Maraitata, der Männer Grab, hieß. Der Name seines Vaters war nicht weniger einladend, denn dieser nannte sich Pahairedo oder der Boote Dieb. Diese Namen schienen allerdings die Weissagungen Tituboalos zu bestätigen, allein wir erfuhren doch bald zu unserer angenehmen Überraschung, dass unser Freund grau in grau gemalt hatte, denn Vater und Sohn empfingen uns mit ungemeiner Höflichkeit, gaben uns Lebensmittel und verkauften uns sogar ein sehr großes Schwein für ein Beil. Das Volk strömte in Menge herbei, uns zu bewundern, doch fanden wir in dem großen Haufen nicht mehr als zwei bekannte Gesichter. Wir bemerkten auch keine Glaskorallen oder sonstigen Zierrate an ihnen, die von uns hätten herstammen können, obwohl wir europäischen Tand genug an ihnen bemerkten. Wir entdeckten in einem der Häuser sogar zwei Kanonenkugeln, die nach der Angabe des Besitzers von den Franzosen herstammen sollten, nach dem breiten Pfeil aber, den sie als Zeichen trugen, vom Dolphin des Kapitäns Wallis stammen mussten.

Hieran kamen wir in ein Gebiet, das unmittelbar unter der Regierung des Königs Waheatua stand.

Ob er, da er einen Sohn hatte, die Regierung als Regent oder als Selbstherrscher führte, ist uns nicht bekannt geworden. Dieses Reich bestand aus einer großen, fruchtbaren Ebene, die von einem Fluss durchquert wird, der so breit ist, dass wir uns in einem Kahn übersetzen lassen mussten. Unser eingeborenes Gefolge aber wollte lieber hinüberschwimmen und sprang munter wie eine Koppel Jagdhunde ins Wasser. In dieser Gegend fanden wir kein bewohntes Haus, dagegen die Reste vieler Häuser, die sehr groß gewesen sein mussten. Die Küste bildet hier eine von den Eingeborenen Oaitipeha genannte Bai. Wir marschierten den schönen Strand entlang und fanden endlich den mächtigen Beherrscher dieses Teils der Insel neben schönen Wetterdecken sitzen, unter denen er mit seinem ganzen Hofstaat zu schlafen pflegte. Waheatua war ein hagerer alter Mann mit schneeweißem Haar und Bart; er hatte eine wunderschöne Frau von etwa fünfundzwanzig Jahren bei sich, die Toudide hieß.

Wir hatten den Namen dieser Dame oft gehört, und nach allem, was man uns von ihr erzählt hatte, musste sie die Oberea dieser Insel sein. Wir verweilten einige Zeit und kauften Nahrungsmittel ein, darunter von dem Sohn des Königs, dem Prinzen Tiarih, ein Schwein. Tiarih entschloss sich dann, uns zu begleiten.

Nach feierlichem Abschied von dem alten König und der schönen Königin marschierten wir weiter. Das Land, in das wir dann gelangten, war besser kultiviert als alle anderen, die wir bisher gesehen hatten.

Die Bäche waren zu beiden Seiten mit Dämmen von Steinen eingefasst und glichen regelrechten Kanälen; selbst die Küste war mit Steindämmen versehen. Die Häuser waren weder zahlreich noch groß. Dagegen fanden wir viele schöne, große Kähne längs der Küste auf den Strand gelagert, die mit großer Sorgfalt gebaut, mit größeren Hinterteilen und mit Wetterdächern versehen waren, die auf Pfeilern ruhten. Fast auf jeder Landspitze befand sich ein Grabmal, das mit großer Sorgfalt und vieler Kunst ausgeführt war. Die Pfosten waren mit Schnitzwerk versehen, das aus Figuren von Menschen und Vögeln bestand. Unter den Figuren fielen uns ein rot und gelb bemalter Hahn und unförmliche Menschengestalten auf, die reihenförmig übereinander angebracht waren. Trotz der scheinbaren Fruchtbarkeit dieses Landstrichs gab es keine Brotfrüchte. Die Bäume waren leer, und die Einwohner schienen hauptsächlich von Nüssen zu leben, die den Kastanien ähnelten und Aehi genannt wurden.

Müde vom Marsch riefen wir die Pinasse herbei, fanden aber unsere eingeborenen Freunde Tituboalo und Tuahow nicht darin. Wir nahmen daher Tiarih und seinen Begleiter an Bord und steuerten dann nach dem Eiland Otooareite, wo wir übernachteten. Ein Teil des nächsten Morgens verstrich unter den fruchtlosen Bemühungen Lebensmittel zu erhalten, dann setzten wir unsere Reise um die südöstliche Landspitze fort. Diese Reise machten wir teils im Boot, teils zu Fuß. Nach einem Marsch von drei Meilen gelangten wir an einen Platz, wo wir viele Kähne und viel Volk antrafen, in dem wir außer Tuahow noch eine Reihe guter Bekannten entdeckten, von denen wir einige Kokosnüsse einhandelten. Wir nahmen Tuahow, der lange bei Waheatua auf uns gewartet hatte, an Bord und ruderten weiter. In einer Gegend, die der Oberhäuptling Mathiabo beherrschte, hielten wir an, um Lebensmittel einzutauschen. Mathiabo kam selbst an den Strand, überhörte aber hartnäckig unsere Wünsche. Bei seinen Untertanen konnten wir uns besser verproviantieren. Dem Reiz einer leeren Glasflasche vermochte aber Seine Exzellenz nicht zu widerstehen; er gab uns ein junges Schwein dafür und schien stolz auf sein Handelstalent. Er hatte eine Gans und einen Welschhahn im Besitz, die der Dolphin zurückgelassen hatte. Die Eingeborenen hatten ihre ganz besondere Freude an diesen Tieren, die erstaunlich fett und zahm geworden waren. In einem Haus fanden wir fünfzehn frische menschliche Kinnbacken an einem halbrunden Brett befestigt. Was das bedeuten sollte, konnten wir nicht in Erfahrung bringen, weil man uns entweder nicht verstand oder nicht verstehen wollte.

Mathiabo erbot sich uns zu begleiten. Mit Freuden erteilten wir ihm die Erlaubnis, denn wir ahnten nicht, dass er uns als Pilot nur deshalb die vorzüglichsten Dienste leistete, um uns desto besser bestehlen zu können. Am Abend gelangten wir vor die Bai, die sich an der nordwestlichen Seite der Insel an der die letztere teilenden Landenge befindet, und fast ganz bis an jene auf der südöstlichen Seite der Insel gelegene Bai heranreicht. Wir ruderten an der Küste dieser Bai hin. Als wir zwei Drittel des Weges zurückgelegt hatten, entschlossen wir uns an Land zu übernachten. Wir steuerten auf ein großes Haus zu, das, wie Mathiabo sagte, seinem Freund, dem Oberhäuptling Wiverou, gehörte. Es dauerte nicht lange, so kamen uns verschiedene Kähne vom Strand entgegen. Wir entdeckten darin eine Anzahl auffallend hübscher Frauen und Mädchen, die ihren Gesten und Winken und ihrem unzweideutigen Betragen nach ausdrücklich abgeschickt zu sein schienen, um uns durch ihre Reize an Land zu locken. Da wir die Absicht hatten an Land zu gehen, so bedurfte es seitens der braunen Sirenen keiner großen Verführungskünste.

Der Oberhäuptling empfing uns sehr freundlich und befahl seinen Leuten, uns unser Nachtessen, zu dem wir Mathiabo eingeladen hatten, bereiten zu helfen. Die Häuptlinge speisten in unserer Gesellschaft, und es ging sehr heiter und aufgeräumt zu. Während der Nacht flüchtete Mathiabo mit einem ihm von uns geliehenen Überrock. Wir entdeckten den Frevel sogleich und verfolgten den Dieb, der in seiner Angst den gestohlenen Mantel von sich warf, worauf wir ihn laufen ließen. Der Zwischenfall hatte das ganze Haus in Aufregung gebracht. Allein unser Schrecken wurde zur Verzweiflung, als uns um 5 Uhr des Morgens unsere Schildwache mit der Nachricht weckte, dass das Boot verschwunden sei. Der Mann hatte es noch vor einer halben Stunde vor Anker liegen sehen. Kurz darauf hörte er rudern, und als er sich umblickte, war das Boot verschwunden. Nunmehr stand es äußerst misslich mit uns, und wir hatten alle Ursache in Verzweiflung zu geraten. Da völlige Windstille herrschte, so konnten wir natürlich nicht vermuten, dass sich die Pinasse von ihrem Anker losgerissen habe, sondern wir befürchteten, dass die Insulaner unsere schlafenden Bootsleute überfallen und ermordet und sich der Pinasse bemächtigt hätten. Wir waren nicht mehr als unser vier und besaßen ein paar geladene Pistolen, eine geladene Kugelbüchse, aber sonst keine Munition, und waren gegenüber einem

Angriff der Eingeborenen, den wir jeden Augenblick befürchten mussten, rettungslos verloren. Man kann sich also unser Entzücken ausmalen, als wir die Pinasse nach einigen Stunden mit der Flut zurückkehren sahen. Sie war durch die Ebbe losgerissen und abgetrieben worden, ein Umstand, an den wir in der Bestürzung und Verwirrung nicht gedacht hatten. Nach dem Frühstück fuhren wir unserer Halbinsel zu.

Viertes Kapitel

Im Haus der Oberea. — Eine Desertion. — Unanständige Tänze. Die Lustseuche. — Körperschönheit, Sitten und Gebräuche der Bewohner von Tahiti.

Wir waren nach mehrstündigem Rudern in der Nähe von Paparra angekommen, dem Landesteil der unserem Freund Oamo und unserer diebischen Freundin Oberea erbeigentümlich gehörte. Wir hatten beschlossen, dort zu übernachten, hörten aber bei unserer Landung, dass unsere Freunde nach Matavai gegangen wären, um uns dort zu erwarten. Wir quartierten uns trotzdem in dem kleinen, sehr geschmackvoll ausgestatteten Haus der Königin ein, deren alter Vater uns auf das Gastfreundlichste empfing. Nachdem wir uns ausgeruht und gestärkt hatten, machten wir einen Spaziergang nach der Landspitze hin, auf der wir von Weitem etwas gesehen hatten, eine Art von Trauerbäumen, die die Eingeborenen um ihre Morais herum zu Pflanzen pflegen.

Wir waren überrascht, dort ein ungeheures Bauwerk zu finden, das, wie man uns sagte, der Morai der Oamo und der Oberea und zugleich das größte Meisterwerk eingeborener Baukunst auf der ganzen

Insel war. Dieser Grabbau war ganz von Stein pyramidenförmig auf einem Fundament von 267 Fuß Länge und 87 Fuß Breite in elf Staffeln von 4 Fuß Höhe errichtet. Jede Staffel oder Stufe war aus einer Reihe weißer Korallensteine erbaut, die regelmäßig viereckig gehauen und geglättet waren; die übrigen Teile bestanden aus runden, bearbeiteten, ganz gleichen Kieselsteinen Einige von den Korallenquadern waren 4 $^1/_2$ Fuß lang und 3 $^1/_2$ Fuß breit.

Unter den gewöhnlichen Felsenquadern fanden wir einen, der 4 Fuß 7 Zoll lang und 2 Fuß 4 Zoll breit war. Ein solches Gebäude, von einem Volk aufgeführt, das weder eiserne Werkzeuge für die Steinhauerarbeiten noch den Mörtel unserer Mauern kannte und doch so gut und dauerhaft, wie die besten unter unseren Baumeistern baute, musste uns in sprachloses Erstaunen setzen. In der ganzen Gegend entdeckten wir keinen Steinbruch, also mussten die Quadern aus großer Entfernung hergeschafft worden sein. Allein mit welcher Mühe! Zumal da den Eingeborenen unsere Transportmittel, Wagen und Pferde fehlen! Die Korallenblöcke mussten aus der Meerestiefe heraufgeholt werden! Und dann die Bearbeitung und Glättung des rohen Gesteins, die sie nur mit Steinwerkzeugen bemeistern konnten! Eine unglaublich mühsame Arbeit auf alle Fälle. Das Glätten konnte mit dem sehr scharfen Korallensand wohl leichter bewerkstelligt worden sein, aber auch hier fehlt uns der Maßstab für die Berechnung und Bewertung. Mitten auf dem Gipfel dieser veritablen Pyramide stand ein aus Holz geschnitzter Vogel, neben ihm lag ein aus Stein gehauener Fisch, der aber zerbrochen war. Die ganze Pyramide nahm die Seite eines Platzes ein, der 360 Fuß lang, 354 Fuß breit, im Innern mit flachen, breiten Steinen regelmäßig gepflastert, von einer Steinmauer umgeben und mit

Trauerbäumen bepflanzt war. Etwa 500 Schritte von diesem imponierenden Mausoleum entfernt befand sich ein anderer gepflasterter Hof, worin etwa 7 Fuß hohe Gerüste, sogenannte Ewattas, aufgerichtet waren, auf denen die Opfer für die Totengötter dargebracht wurden. Ein schöner Morai wird hier als Maßstab des Ranges betrachtet, und der der Oberea ist ein sehr ins Auge fallender Beweis von der früheren Macht und dem Reichtum dieser Königin.

Als wir am Strand zurückgingen, fanden wir den ganzen Weg mit Menschenknochen dicht besät.

Auf unsere Frage erzählte man uns, dass etwa fünf Monate vor unserer Ankunft das Volk von der südöstlichen Halbinsel, die wir soeben bereist hatten, gelandet sei, eine große Menge der Untertanen Oamos niedergemacht, viele Häuser vernichtet und fast alle Tiere, den Reichtum des Königs, geraubt habe. Die Kinnbacken, die wir gesehen hatten, seien von ihnen als Siegeszeichen mitgenommen worden. Oamo und Oberea seien damals ins Gebirge geflüchtet und halb ruiniert worden. Dieser Überfall erklärte uns auch, warum Oberea nicht mehr so viel Macht und Ansehen besaß wie zu der Zeit, wo Kapitän Wallis hier war.

Wir kehrten nach der Residenz der Königin zurück und übernachteten daselbst in voller Ruhe und Sicherheit. Am folgenden Abend kamen wir nach Atahourou, der Residenz unseres Freundes Tootahah, der uns mit viel Freude beherbergte, und am nächsten Tag, Sonnabend, den 1. Juli, zogen wir wieder in unser Fort zu Matavai ein. Zu unserem Empfang strömten unsere eingeborenen Freunde herbei, und keiner kam mit leeren Händen.

Wir bereiteten nunmehr unsere Abreise vor. Der Wasservorrat war bereits an Bord und der Proviant wurde energisch ergänzt. In dieser Zeit besuchte uns Oamo mit der Oberea und ihren Kindern Terridiri und Toimata. Letztere war sehr begierig, das Fort zu besichtigen, allein ihr Vater gab es nicht zu. Auch Tearih hatte sich zu dieser Zeit eingestellt. Am 7. rissen unsere Zimmerleute das Tor und die Palisaden des Forts ein und zerkleinerten das Holzwerk zu Brennholz. Tags darauf schleiften wir die Festung.

Um Mitternacht desertierten zwei junge Seesoldaten, Element Webb und Samuel Gibson, im Einverständnis und mithilfe der Sippen ihrer jungen eingeborenen Geliebten, um diese zu heiraten und auf der Insel zurückzubleiben. Die Deserteure wurden mir erst ausgeliefert, als ich den Tootahah, die Königin und andre Häuptlinge mit ihren Frauen als Geiseln an Bord des Schiffes zurückbehielt, worüber sie nicht besonders missvergnügt schienen. Wir söhnten uns nach diesem Zwischenfall vollständig mit unseren Freunden aus, die einsichtsvoll genug waren mein Verfahren zu begreifen. In dieser Nacht wurde alles, was wir noch an Land hatten, an Bord gebracht.

Unter den Eingeborenen, die fast beständig um uns waren, befand sich Tupia, der zur Zeit der Macht der Oberea ihr erster Minister und der oberste Tahowa oder Oberpriester der Insel war. Er war ein guter Kenner von Land und Leuten, der Religion und der Sitten seiner Heimat. Auch besaß er große Erfahrung in der Schifffahrt seines Landes und eine ungemeine Kenntnis von der Anzahl und der Lage der benachbarten Inseln. Dieser hervorragende Mann kam am 12. mit seinem Diener Tayeto, einem dreizehnjährigen Knaben, an Bord und bat uns inständig, ihn auf unsere Reise mitzunehmen. Zu unserem Glück wurde das Anliegen einstimmig angenommen. Indessen fand sich, dass das Holz unserer Buganker von Würmern zerfressen war und ersetzt werden musste.

Tupia machte sich diesen kurzen Aufschub zunutze; er ging noch einmal an Land und nahm ein Porträt Banks', um es seinen Freunden zu zeigen, und verschiedene Kleinigkeiten als Andenken für diese mit.

Wir besuchten nochmals Tootahah, bei dem wir die Oberea und unseren Freund Tupia fanden, der in dieser Nacht zum ersten Mal an Bord schlief.

Am folgenden Morgen, Donnerstag, den 15. Juli 1769, wurde das Schiff sehr früh von unseren sämtlichen Freunden besucht und von einer Menge Kähne umringt, die von Eingeborenen niederen Standes dicht besetzt waren. Zwischen 11 und 12 Uhr lichteten wir die Anker. Sobald das Schiff unter Segel war, nahmen die an Bord befindlichen Häuptlinge und ihre Frauen rührenden Abschied von uns, wobei es nicht ohne Tränen abging. Auch das Volk in den Kähnen klagte laut. Tupia bewies bei diesem rührenden Auftritt eine wahrhaft bewundernswerte Standhaftigkeit und Entschlossenheit, trotz der Tränen, die er vergoss. Er machte der Lieblingsfrau Tootahahs, der Potomai, zum Abschied noch ein Hemd zum Geschenk; dann stieg er mit Banks in den Mastkorb, von wo er seinen scheidenden Freunden seine letzten Grüße zuwinkte. So nahmen wir nach dreimonatigem Aufenthalt Abschied von den gastlichen Gestaden der schönen Insel und unseren lieben Freunden, mit denen wir in letzter Zeit ziemlich handeln mussten, weil sie unsere Nägel im Kurs stark herabgesetzt hatten. Durch den Diebstahl der Nägel seitens eines Teiles der Bemannung waren die Insulanerinnen in der

Lage, die Nägel viel leichter als durch den Verkauf von Lebensmitteln zu erwerben.

Zuletzt mussten wir für ein Milchschwein von zehn Pfund ein Beil bezahlen, ein Umstand, der unsere Abreise wesentlich beschleunigte.

In allen Ländern hält man die Mädchen und Jungfrauen von Dingen fern, die sich auf den Verkehr mit dem anderen Geschlecht beziehen. Hier findet das gerade Gegenteil statt. Unter anderen Lustbarkeiten hat man auf Otahiti einen von jungen Mädchen zu tanzenden Tanz, den Timorodi, der in Gebärden und in Bewegungen besteht, die höchst unzüchtig sind, und der ihnen in frühester Jugend eingeübt wird. Während dieses Tanzes, mit dem wir oft empfangen wurden, stoßen sie die unanständigsten Worte aus. Allein das, was den Mädchen erlaubt ist, ist den verheirateten Frauen durch die Sitte streng verboten.

Nach allem bisher Gesagten ist es klar, dass unter ihnen die Keuschheit nicht sehr hoch geschätzt wird. Doch alle Vorstellungen, die man sich darüber machen kann, sind nicht hinreichend, die Ausschweifungen dieses Volkes in ihrem ganzen Umfang zu charakterisieren. Denn es gibt hier einen Grad von ausgelassener Üppigkeit, den kein andres Volk je erreicht hat. Eine große Anzahl der vornehmsten Leute in Otahiti gehören einer Geheimgesellschaft an, in der der Weiberkommunismus herrscht. Diese Gesellschaften werden die Urreoys genannt. Hier tanzen die Frauen den Timorodi mit mänadenhafter Üppigkeit. Die Folgen dieser Orgien werden durch Mord beseitigt, und in dieser Gesellschaft ist der Name „Mutter" ein Schimpfwort. Wir haben verschiedene Mitglieder der Gesellschaft befragt. Sie waren weit davon entfernt, ihre Mitgliedschaft als Schande zu betrachten. Im Gegenteil, sie rühmten sich ihrer und bekannten, dass sie noch immer Mitglieder wären, und dass sie verschiedene Kindsmorde begangen hätten.

Die Ehe ist denn auch hier, wie uns schien, weiter nichts als ein Vertrag zwischen einem Mann und einem Weibe, mit dem der Priester nichts zu tun hat.

Wenn dieser Vertrag einmal geschlossen ist, so pflegt er von beiden Seiten gehalten zu werden, doch trennen sich oft die Parteien mit beiderseitiger Einwilligung, und sodann wird die Ehe so leicht aufgehoben, wie sie geschlossen wurde. Kein Wunder, dass Vater und Mutter die Tochter, der Bruder die Schwester, der Mann das Weib aus Gastfreundschaft und um einen Nagel prostituierte. Sowenig auch die Frauen der Eingeborenen vor uns mit Europäern Umgang hatten, so war dieser doch hinreichend, auch über die Insulaner jene fürchterliche Krankheit, die Lustseuche, zu bringen, durch die die von den Spaniern in Amerika verübten Grausamkeiten gerächt worden sind. Da es erwiesen ist, dass außer mir nur Kapitän Wallis und Herr von Bougainville hierher gekommen sind, und da Kapitän Wallis aus seinen Schiffspapieren bewiesen hat, dass keiner seiner Leute krank war, ich aber bei meiner Ankunft fand, dass diese Pest auf der Insel die fürchterlichsten Verheerungen angerichtet hat, so steht fest, dass sie von den Leuten Bougainvilles eingeschleppt worden ist.

Einer von unseren Leuten wurde angesteckt. Dies gab uns Veranlassung, unter den Eingeborenen Nachforschungen anzustellen, und sie erzählten uns, dass die „Fäulnisseuche", wie sie sie nannten, von jenen Schiffen eingeschleppt worden sei, die fünfzehn Monate vor uns auf der östlichen Seite der Insel vor Anker gelegen hatten, also von den beiden Schiffen des Herrn von Bougainville. Zum Trost fanden wir, dass die Eingeborenen Heilkräuter dagegen entdeckt hatten.

Hätten wir ihre Sprache besser verstanden und ihre Heilmittel wider diese Seuche erfahren können, so wären wir ihnen sehr dankbar gewesen, denn als wir die Insel verließen, fand sich, dass mehr als die Hälfte des Schiffsvolks von diesem Übel angesteckt war.

Das Volk ist schön gewachsen. Die Männer sind groß, stark, von schönem Gliederbau und durchaus ansehnliche, stattliche Leute. Der größte, den wir sahen, Huaheina, maß 6 Fuß, 4 $\frac{1}{2}$ Zoll. Die Frauen von Stand sind über europäisches Mittelmaß groß und ausnehmend schön gewachsen. Die Frauen aus dem Volk sind etwas kleiner, was von ihrem frühen Geschlechtsverkehr herrühren mag. Denn außer diesem Umstand wüsste ich nichts, was sie von den vornehmen Frauen unterscheiden sollte und zugleich dem Wachstum so nachteilig wäre wie dieser. Die Hautfarbe ist von heller Oliven- oder Brünettentönung, die viele Europäer dem schönsten Weiß vorziehen. Bei den Leuten, die mehr dem Wind und der Sonne ausgesetzt sind, ist sie natürlich dunkler. Die vornehmen Frauen haben eine ungemein glatte, samtweiche Haut, ihre Gesichtszüge sind wohlgebildet, nur ist die Nase meist etwas flach. Dagegen sind ihre Augen voller Ausdruck, bald glühen sie wie Feuer, bald sind sie zärtlich schmachtend. Die Zähne sind fast ohne Ausnahme ungemein schön, ebenmäßig und glänzend weiß. Der Atem ist rein und von allen unangenehmen Gerüchen frei. Die Haare sind durchgehend glänzend schwarz und nur etwas grob. Die Männer tragen Bärte, von denen sie meist die Wangenhaare ausrupfen. Beide Geschlechter entfernen auch die Haare der Achselhöhle mit den Wurzeln

54

und hielten es für unreinlich, dass wir es nicht ebenso machten. In ihren Bewegungen bemerkt man zugleich Stärke und Elastizität; ihr Gang ist angenehm, ihre Gesten sind edel, und ihr Betragen gegen Fremde und gegeneinander ist höflich und zuvorkommend. Ihrer Gemütsart nach sind sie ritterlich, tapfer, offenherzig, freimütig und ohne Argwohn, Falschheit, Hinterlist, Grausamkeit und Rachsucht.

Deshalb setzten wir auch das Vertrauen in sie, das man in seine besten Freunde setzt. Viele von uns, so Herr Banks insbesondere, schliefen allein mit ihnen mitten im Wald und waren folglich ganz in ihrer Gewalt. Dagegen waren sie insgesamt diebisch und ausschweifend. Auch trafen wir mehrere Albinos unter ihnen.

In den meisten Ländern pflegen die Männer ihre Haare zu schneiden und die Frauen ihr Haar lang zu tragen. In Otahiti ist es umgekehrt, denn hier schneiden die Frauen ihr Haar kurz, während es die Männer mit Ausnahme der Fischer in großen Locken über die Schulter wallen lassen oder in Buschform aufknüpfen. Da sie keine Kämme haben und ihr Haar mit Kokosnussöl fetten, so können sie ihren Kopf auch nicht rein von Ungeziefer halten. Die Kinder und die gemeinen Leute machen es wie die Affen, sie speisen ihr Ungeziefer auf. Diese hässliche Gewohnheit widerspricht ihren Vorzügen einer peinlichen Reinlichkeit, denn sie baden und waschen sich oft und gern.

Unsere Freunde, denen wir Kämme schenkten, reinigten sich das Kopfhaar so eifrig und sorgfältig, dass man wohl bemerken konnte, wie unangenehm und ekelhaft ihnen dieses Parasitentum war.

Auch pflegen sie insgesamt ihren Körper trotz der Schmerzhaftigkeit der Operation mit einer gezähnten, aus einer scharfen Muschel hergestellten Klinge zu tätowieren, und zwar mit Bildern, Zeichen, Halbmonden usw. je nach dem Rang und dem ortsüblichen Geschmack. Hauptsächlich werden die Gesäßteile vom Schenkel bis zu den Rippen hinauf mit dunkelschwarzen Tätowierungen, Figuren und Bogenlinien überladen, worauf Männer wie Frauen so stolz sind, dass sie sie mit demselben Vergnügen zeigen, wie wir etwa eine Gemäldesammlung. Nur das Gesicht bleibt frei. Herr Banks wohnte einmal einer solchen Operation bei: Es handelte sich um ein dreizehnjähriges Mädchen, dem ein Gesäßteil tätowiert werden sollte.

Das bei dieser Operation gebrauchte Instrument hatte dreißig Zähne. Auf jeden Schlag auf das Instrument, deren in einer Minute wenigstens hundert getan wurden, kam eine wässerige Feuchtigkeit, die mit Blut gefärbt war, auf der Haut zum Vorschein.

Das Mädchen hielt die Qualen mit stoischer Tapferkeit ungefähr eine Viertelstunde aus, dann aber überwältigten sie die Schmerzen. Sie begann sich zu sträuben, weinte und flehte ihre Peiniger um Erbarmen an. Zwei Weiber hielten die Ärmste fest, liebkosten, schalten und schlugen sie, um sie willfährig zu machen. Banks wartete eine Stunde; als er sich entfernte, war die Tätowierung nicht einmal in ihrem schmerzlichsten Teil vollendet.

Die Insulaner verfertigen den Stoff zu ihrer Kleidung hauptsächlich aus der Rinde des chinesischen Papiermaulbeerbaums, des Brotbaums und einer Feigenart. Sie färben ihn scharlachrot und gelb; ihre rote Farbe, die sie aus der Frucht der Matefeige und den Blättern der Cordia pressen, ist glänzender und feiner als die, die wir in Europa haben. Aus der Rinde

Abb. 6: Tahitisches Mädchen von Paul Gauguin

des Poerou verfertigen sie die feinen Mattengewebe, die sie bei Regenwetter tragen, dem ihre Tuchkleider nicht standhalten. Die Kleidung der Frauen von Rang besteht aus dem Parou, der 6 Fuß breit und 33 Fuß lang ist und den sie rockähnlich um den Unterleib wickeln; ferner aus der Tebuta, die dem Poncho der Südamerikaner ähnelt, und aus einem Gürtel. Die Kleidung der Männer ist die nämliche: Nur tragen sie den Parou nicht als Rock, sondern als Hose, die sie Maro nennen. Während der heißen Jahreszeit gehen sie fast ganz nackt. Die Frauen aus dem Volk tragen dann nur einen dünnen Unterrock, die Männer nichts als ein Lendentuch. Auch die Frauen von Stand legen alles, was sie am Oberkörper tragen, in Gesellschaft und zu Hause so gleichgültig weg, wie unsere Damen ihren Hut und ihren Mantel ablegen. Auch die Häuptlinge trugen vielfach nichts weiter als einen Lendenwulst, der allerdings aus so viel Tuch zusammengewickelt war, dass man bequem ein Dutzend Personen damit kleiden könnte. Die Kinder pflegen ganz nackt zu gehen, die Mädchen bis zum vierten Jahre, die Knaben bis zum siebenten.

Männer wie Frauen tragen kleine Muscheln, Beeren, rote Erbsen, kleine Perlen und Glaskorallen als Ohrringe, aber nur an einem Ohr, und als Haarschmuck Blumen und schöne Federn. Die vornehmen Frauen tragen zum Schutz gegen die Glut der Tropensonne kleine Mützen und den Tomou, einen aus Haaren gewebten Turban, der aufgewickelt über eine englische Meile lang ist. Herr Banks kaufte einen Tomou von dieser Länge, der nicht einen Knoten aufwies, so kunstvoll war das Gewebe. Die gütige Natur, die hier so fruchtbar ist, dass diesem glücklichen Völkchen der biblische Fluch: „Du sollst dein Brot im Schweiße deines Angesichts verdienen!" nicht gilt, gewährt jeder Frau zu dieser Webarbeit reichlich Zeit.

Es berührte uns sehr eigentümlich, dass dieses gesellige, üppige Völkchen bei seinen Mahlzeiten die Geschlechter scheidet. Stets speisen die Männer und die Frauen gesondert, auch in der Familie. „Wir essen allein, weil es sich so schickt!", sagten sie, wenn wir nach dem Grund fragten, und sie gaben ihrem Ekel darüber Ausdruck, dass wir mit unseren Frauen zusammen speisen würden. Wenn einer von uns mit einem Mädchen allein war und sie einlud mit ihm zu speisen, dann tat sie uns zwar den Gefallen, wir mussten ihr aber schwören, nichts darüber verlauten zu lassen, denn wenn dieser Verstoß gegen die gute Sitte ruchbar würde, wäre es um ihren Ruf geschehen. Wenn wir zufällig einmal in einem Haus den Korb anrührten, worin sich die für die Frauen des Hauses bestimmten Speisen befanden, so konnten wir sicher sein, dass von den älteren Weibern die Speisen mit dem Korb weggeworfen wurden.

Ich kann den Bericht über das häusliche Leben dieses Völkchens nicht schließen, ohne seiner persönlichen Reinlichkeit rühmend zu gedenken. Männer, Frauen, Knaben und Mädchen baden tagtäglich dreimal in fließendem Wasser: einmal am Morgen, dann zu Mittag und schließlich am Abend, bevor sie zur Ruhe gehen, einerlei ob der Fluss und die See in der Nähe sind oder ob sie meilenweit zu gehen haben. Auch waschen sie Mund und Hände fast nach jedem Bissen, ebenso reinlich halten sie ihre Kleidung. Ich glaube, dass man dieses Lob nicht einmal den vornehmsten Gesellschaftsklassen in Europa erteilen kann.

Über die Religion unserer braunen Freunde konnten wir nur wenig erfahren. Was wir sahen, war in mystische Gebräuche gehüllt und durch handgreifliche Widersprüche verwirrt, wie in anderen Religionen ja auch. Der Umstand, dass auf Otahiti wie in China die gottesdienstliche Sprache von der Landessprache abweicht, erschwerte uns das Eindringen in dieses Mysterium ganz bedeutend. Tupia gab sich zwar viele Mühe uns zu unterrichten, weil er dies aber in seiner Priestersprache tat, von der wir nichts verstanden, so erfuhren wir nur sehr wenig. Wie alle Menschen von primitiven Religionsbegriffen glauben auch die Einge-borenen von Otahiti, dass die Welt auf dem Weg der Zeugung — von der die Existenz zweier Personen von verschiedenem Geschlecht unzertrennlich ist — er-schaffen worden sei. Die höchste Gottheit nennen sie Taroathaihetumuh; die zweite, die weibliche, die ihrem Wahn nach ein Felsen gewesen ist, Tepapa. Eine Tochter beider war Tettowmatayo oder das Jahr, denn so pflegen sie auch die dreizehn Monde ihres Jahres zu benennen. Diese Tochter zeugte mit ihrem Vater die Monate, und die Monate paarten sich und zeugten die Tage. Die Sterne sind teils unmittelbare Abkömmlinge des ersten Paares, teils haben sie sich untereinander selbst fortgepflanzt. Eine ähnliche An-schauung haben sie von der Entstehung der ver-schiedenen Gattungen der Pflanzen. Zu den Ab-kömmlingen Taroathaihetumuhs und der Tepapa zählen sie auch das zahlreiche Geschlecht ihrer Un-tergötter, die Eatuas. Zwei von diesen waren die El-tern des ersten Menschen, der in Kugelform geboren wurde und den seine Mutter zu seiner jetzigen Ge-stalt reckte und streckte und Eothe, d. i. „Vollendet" nannte. Eothe zeugte mit seiner eigenen Mutter eine Tochter und mit dieser einen Sohn und mehrere Töchter, mit denen Eothes Sohn die Welt bevölkerte. Taroathaihetumuh zeugte mit der Tepapa auch einen Sohn, den Tane, zu dem die Insulaner, die den obers-ten Gott „den Urheber der Erdbeben" nennen, am liebsten beten, weil sie glauben, dass Tane der hervorragendste Sachwalter der Menschen im Himmel sei.

Die Untergötter, die Eatuas, sind sehr zahlreich und männlichen und weiblichen Geschlechts. Die männlichen Eatuas werden von den Männern des Volkes, die weiblichen von den Frauen verehrt. Männer und Frauen haben an den Morais ihre besondern Altäre für ihre speziellen Götter. Es gibt nur männliche Priester, doch hat jedes Geschlecht seine eigenen, denn die, die das Amt speziell zur Anbetung der Geschlechtseatuas für das eine Geschlecht versehen, dürfen es für das andere nicht verwalten.

Man glaubt in Otahiti an die Unsterblichkeit der Seele, an ein ewiges Leben nach dem Tode und daran, dass es zwei Orte und verschiedene Abstufungen der Glückseligkeit gibt, was sich mit unseren Begriffen von Himmel und Hölle in etwas deckt. Den obersten Himmel heißen sie Tavirua l'erai; er ist für ihre Herrscher und ihre Vornehmen, der zweite Himmel, der Tiahobuh, ist für das gewöhnliche Volk bestimmt. Sie glauben indes nicht im Entferntesten, dass ihre Handlungen in diesem Leben nach dem Tod von ihren Göttern „gewogen und zu leicht befunden würden", sie sind vielmehr der Meinung, dass ihre Götter mehr zu tun hätten, als sich um die irdischen Handlungen jedes Einzelnen von ihnen zu bekümmern Ihre Religion hat demgemäß keinen Einfluss auf ihre Sitten, aber sie ist dafür auch frei von jedem Eigennutz. Sie beten nicht, auf dass es ihnen auf Erden wohlergehe, sondern ihre Ehrfurcht vor dem Höchsten entsteht aus dem Bewusstsein ihrer eigenen Niedrigkeit im Vergleich mit der unaussprechlichen und unfassbaren Erhabenheit der göttlichen Vollkommenheit. Götzen hatten sie nicht; auch der Fetischdienst war ihnen fremd.

Die priesterliche oder Tahowa-Würde ist erblich.

Es gibt viele und verschiedenartige Priester, doch ist der Oberpriester gewöhnlich der jüngere Sohn einer sehr vornehmen Familie und dem Rang nach die nächste Person nach dem König. Der größte Teil der Gebildeten besteht aus den Priestern. Aber die Bildung beschränkt sich auf das Wissen und die Kenntnis der zahlreichen Eatuas und ihres Kultes, sowie der mündlichen Traditionen des Priestertums, die in Weisheitssprüchen festgehalten und in unglaublicher Menge vorhanden sind. Die vornehmeren Priester sind zugleich Ärzte, Astronomen und Schifffahrtskundige. In der Tat bedeutet der Name Tahowa eigentlich nur einen Mann von Wissen und Einsicht. Da nun jeder Stand seine Priester hat, so verwenden die Vornehmen niemals einen Tahowa von der Klasse des gemeinen Volkes, und umgekehrt wird ein Priester der höheren Stände niemals für andere als für seine Standesgenossen zu haben sein.

Mit der Arzneikunst der Priester ist es allerdings nicht weit her; sie besteht hauptsächlich in (Gesund-) Beten. Wenn der Priester seine Kranken besucht, so sagt er gewisse für diese Zwecke verfasste Gebete her, wickelt die Finger und Zehen des Kranken mit Kokosnussfasern ein, gibt ihm den Heil bringenden Zweig irgendeines Strauches in die Hand und kommt und betet so lange, bis der Kranke entweder genesen oder gestorben ist. Ist er gesund geworden, dann hat die „Arznei" geholfen; ist er gestorben, dann ist die Krankheit eben unheilbar gewesen. Was meinen die Leser: Ist in dieser Hinsicht das Völkchen von Otahiti wirklich von den europäischen Völkern so sehr verschieden?

Fünftes Kapitel.

Reise nach Huahine und Ulietea. — Ein Weib als Gastgeschenk. — Eine dramatische Unterhaltung. — Der „furchtbare König". — Ein Überfall.

Nachdem wir von unseren Freunden Abschied genommen hatten, segelten wir bei gelindem Winde und heiterem Wetter froh gesinnt nach Westen. Wie uns Tupia sagte, waren die Nebeninseln von Otahiti, die er Huahine, Ulieta, Otaha und Bolabola nannte, bequem in zwei Tagesreisen zu erreichen. Auch seien diese Inseln außerordentlich bevölkert und mit Nahrungsmitteln reich versehen. Wir hatten jedoch bei nebligem Wetter Windstille, sodass wir nur langsam weiterkamen. Tupia betete zu seinem Gott Tane um Wind, aber er fing erst zu beten an, wenn er aus allen Anzeichen schließen konnte, dass der Wind die Segel blähen würde, bevor er noch mit seinem Gebete zu Ende wäre.

Am 16. Juli erhob sich ein leichter Wind, der uns bald nach Huahine brachte. Als wir des Morgens um 8 Uhr dem nordwestlichen Teil dieser Insel sehr nahe waren, sondierten wir, konnten aber mit achtzig Klaftern[3] keinen Boden erreichen. Es dauerte nicht lange, so stießen einige Kähne vom Land ab; allein die Insassen kamen erst näher, als ihnen Tupia winkte.

In einem der Kähne befand sich der König der Insel mit seiner Gemahlin, die dann in Begleitung ihrer Würdenträger an Bord kamen. Anfangs erstaunten sie und verwunderten sich über alles, was ihnen an Bord gezeigt wurde, allein sie beobachteten eine würdevolle Zurückhaltung; erst nach längerem Aufent-

---

3 Der **Nautische Faden,** auch „Klafter" genannt, ist eine nicht SI-konforme Längeneinheit, welche insbesondere noch in der englischsprachigen Schifffahrt für Tiefenangaben in Gebrauch ist. Ein Klafter ist gerundet etwa 1,8 m.

halt tauten sie auf. Der König hieß Orih, und zum Zeichen seiner höchsten Gunst machte er mir den Tausch unserer Namen zum Vorschlag. Solange wir beisammen waren, nannte er sich König Cookih, denn so sprach er meinen Namen aus, und ich hieß Orih. Diese Insulaner waren größer und stärker als die von Otahiti, die Frauen weißer und schöner, sonst aber waren sie den Bewohnern von Otahiti in Tracht, Sprache, Sitte sehr ähnlich, nur dass sie nicht diebisch waren.

Nach 12 Uhr kamen wir in einem kleinen, aber sehr guten Hafen vor Anker. Ich ging sogleich in Begleitung von Banks, Dr. Solander, Monkhouse, Tupia, König Cookih und den anderen Eingeborenen an Land. Kaum hatten wir einen Fuß auf den Strand gesetzt, so entblößte Tupia seinen Oberkörper und hielt eine Ansprache an den König, der ihm gegenüberstand und ihm von Zeit zu Zeit antwortete, dann tauschten sie Geschenke aus. Nach Abschluss dieser Zeremonie, die wir für einen Freundschaftsvertrag hielten, durften wir uns überall frei und unbelästigt bewegen und konnten gehen, wohin wir wollten. Tupia verfügte sich nach dem Hauptmorai, um dort zu opfern.

Am nächsten Morgen erstiegen wir die Berge, die von der gleichen Beschaffenheit wie die in Otahiti waren, nur schienen Gestein und Ton noch mehr verbrannt zu sein. Wir hatten einen Tauschhandel mit den Eingeborenen etabliert. Das Geschäft ging sehr flau, denn wenn wir etwas ausboten, so kaufte keiner früher, als bis er sich mit seiner Sippschaft eingehend über die Chancen beraten hatte, worüber zwecklos viel Zeit vergeudet wurde, sodass wir am ersten Tag nur elf Ferkel eintauschen konnten. Am nächsten Morgen boten wir Beile aus, für die wir die größten Schweine bekamen. Am Nachmittag, als bekannt wurde, dass wir unsere Abfahrt vorbereiteten, machte der König seine Abschiedsvisite. Ich gab ihm u. a. einen Zinnteller, worauf mein Name und das Datum: „16. Juli 1769 Huahine" gestempelt waren. Dieses Geschenk konnte als dauernder Beweis dafür gelten, dass wir die ersten europäischen Entdecker dieser Insel waren.

Wir segelten hierauf nach der Insel Ulietea, die 7— 8 Seemeilen südwestlich von Huahine liegt, und um halb 7 Uhr des Abends waren wir an der östlichen Seite der Insel etwa 3 Seemeilen von der Küste. Die ganze Nacht über lavierten wir hin und her. Sobald der Tag anbrach, steuerten wir gegen die Küste hin. Bald darauf erblickten wir eine Einfahrt im Riff, das vor der Küste liegt. Tupias Aussage nach sollte sich dahinter ein guter Hafen befinden, weil ich mich aber nicht blindlings auf sein Wort verlassen wollte, so schickte ich den Steuermann in der Pinasse aus, um genaue Untersuchungen anstellen zu lassen. Tupia hatte uns recht berichtet, denn der Steuermann signalisierte uns, dass wir ihm folgen sollten. Wir steuerten daher in die Einfahrt hinein und kamen in 22 Klaftern auf weichem Grund vor Anker. Es dauerte nicht lange, so fuhren zwei Kähne der Eingeborenen an uns heran. In jedem Kahn befanden sich ein schönes Weib und ein junges Schwein, die für uns bestimmt waren. Dass sie uns Weiber zuführten, hielten wir für einen Beweis ihres Vertrauens. Die Schweine waren Geschenke. Wir nahmen beides mit pflichtschuldigem Dank an und beschenkten die Damen je mit einem großen Nagel und mit Glaskorallen, worüber sie hoch erfreut waren. Tupia, der die Männer von Bolabola sehr zu fürchten schien, machte uns darauf aufmerksam, dass sie Ulietea erobert hätten, und dass sie, sobald sie von unserer Anwesenheit erführen, herabkämen, um uns zu bekriegen. Wir beschlossen daher, sofort an Land zu gehen. Banks, Solander, ich und Tupia ließen uns sofort ans Ufer setzen, wo Tupia angesichts der Eingeborenen dieselben Zeremonien wie in Huahine vornahm, eine englische Flagge hisste und im Namen des Königs von England Ulietea, Huahine, Otaha und Bolabola — die drei letztgenannten Inseln konnten wir von unserem Standort aus übersehen — in Besitz nahm. Wir fuhren die nächsten Tage nach Otaha und Bolabola, hatten aber ungünstigen Wind.

Am Nachmittag des 29. Juli befanden wir uns in der Länge des südlichen Endes von Ulietea und windwärts von einigen Häfen, die auf der westlichen Seite dieser Insel liegen. Nun hatten wir zwar diese Insel schon besucht und waren kürzlich auf ihrer anderen Seite vor Anker gelegen. Weil wir aber inzwischen in der Pulverkammer ein Leck erhalten hatten, entschloss ich mich, in einem dieser Häfen vor Anker zu gehen. Als das Schiff gesichert war, ging ich an Land, um einen Platz zu suchen, wo wir Ballast und Wasser einholen könnten. Die Herren Banks und Dr. Solander ergingen sich den ganzen Tag über in der schönen Gegend. Die Eingeborenen begegneten ihnen überall mit großer Höflichkeit und Ehrerbietung Männer, Frauen und Kinder sammelten sich in großer Menge um sie, ohne ihnen im geringsten lästig zu fallen. Im Gegenteil, jeder war bestrebt, ihnen in jeder Weise behilflich zu sein. Man trug sie über Pfützen und Lachen. Man geleitete sie wie Halbgötter in die Wohnungen der Vornehmen und bildete dabei Spalier. Als sie in das Haus eines der Fürsten traten, fanden sie alles in feierlicher Ordnung. Auf dem Boden war eine Matte ausgebreitet, an deren Ende die Familie saß, während das Volk an beiden Seiten aufgestellt war. In einem anderen vornehmen Haus wurden sie von einigen reich gekleideten Kindern erwartet. Das eine war ein sechsjähriges Mädchen, das sich auf den Arm seiner schönen Amme stützte und die Geschenke der Herren mit so liebreizender Würde, wie nur irgendeine europäische Prinzessin empfing. Das Volk war über die Geschenke, die diesem Kind gemacht wurden, so entzückt, dass irgendein Vornehmer den Gebern zu Ehren einen Tanz tanzen ließ, der sie äußerst interessierte.

Am 3. begegneten wir einer Gesellschaft reisender Tänzer, die aus zwei Tänzerinnen und sechs Männern mit drei Trommeln bestand. Tupia berichtete uns, dass diese Gesellschaft den vornehmsten Kreisen zugehörig sei, zu ihrem Privatvergnügen umherziehe und keine Geschenke für ihre Darbietungen beanspruche.

Die Tänzerinnen hatten denn auch eine beträchtliche Menge Tamous oder geflochtenen Haares um ihre Köpfe gewickelt und mit Kapjasmin verziert. Den Hals, die Schultern, die Arme und die Brust bis unter die Achselhöhlen hatten sie entblößt, die eng anliegende Taille war von feinstem, schwarzem Tuch, an jeder Seite der Brust war ein kleiner Busch schwarzer Federn. Während der braun und weiß gestreifte Hüftenteil des Kleides malerisch gefaltet war, hing der weiße Rockteil glatt hinab und bedeckte die Füße, die sie mit großer Virtuosität und ebenso kunstfertig und graziös wie irgendeine Balletttänzerin bei uns zu wirbeln wussten. Zu Beginn des leidenschaftlichen Tanzes schritten sie rhythmisch und im genauen Takt mit den Trommeln in zierlichen Schritten seitwärts. Dann bewegten sie die Hüften in immer heftigeren Bewegungen, was sie in allen Stellungen und Situationen dieses üppigen Tanzes, im Stehen, im Knien, im Sitzen und selbst dann beibehielten, als

Abb. 7: Reisende Tänzer und Tänzerinnen.

sie sich liegend auf die Ellenbogen stützten. In allen
diesen Phasen bewegten sie zugleich die Finger mit
einer fast unbeschreiblichen Geschwindigkeit. Außerdem entzückte die Zuschauer die Kühnheit der Gebärden und Stellungen, die in der Tat unsagbar frech
waren.

Eine der Tänzerinnen trug drei Perlen als Ohrgehänge; eine der Perlen war sehr groß, aber so trübe,
dass sie wenig wert war, die beiden anderen waren
erbsengroß, von schönstem Wasser und prächtiger

Form, aber durch das Bohren verdorben. Herr Banks hätte diese Perlen um jeden Preis eingehandelt, aber ihre Besitzerin vermochte sich nicht von ihnen zu trennen.

Zwischen den Tänzen führten die Männer eine Art theatralischer Vorstellung auf, die aus Sprechrollen und Tänzen bestand; wir waren aber leider nicht in der Lage, den Inhalt ihrer Darbietung zu verstehen.

Tupia hatte uns früher schon erzählt, dass er auf Ulietea vor einiger Zeit noch reich begütert gewesen, aber durch die Eroberung der Insel seitens der Krieger von Bolabola um seine Besitzungen gekommen wäre.

Er zeigte uns jetzt seine ehemaligen Ländereien Als wir an Land gingen, erfuhren wir von den Eingeborenen, dass dem also sei. Sie zeigten uns die verschiedenen Güter, die unserem Freund, wie sie sagten, von Rechts wegen zugehörten. Am 5. August übersandte mir Opuhui, „der furchtbare König" von Bolabola, der Arrihrähie, ein Geschenk von drei Schweinen, einigem Federvieh und vielen Früchten, nebst verschiedenen Stücken 150 Fuß langen Tuches. Seine Majestät tat mir zugleich kund und zu wissen, dass sie sich auf der Insel befinde und die Gewogenheit haben werde, mich am folgenden Tag mit einem Besuch zu beehren. Wir blieben am 6. also allesamt an Bord und erwarteten feierlichst das Erscheinen des „großen Königs", fanden uns aber bald angenehm enttäuscht. Denn er sandte drei schöne Mädchen als Botschafterinnen an uns ab und ließ sich durch diese ein Gegengeschenk für das seinige ausbitten. Vielleicht wagte er sich Tupias wegen nicht an Bord, oder vielleicht glaubte er durch seine schönen Botschafterinnen für sich ein höheres Gegengeschenk herauszuschlagen, als ihm persönlich gelungen wäre. Auf alle Fälle waren wir über sein Fernbleiben sowenig betrübt, wie es die drei Grazien über ihren Besuch an Bord waren.

Kommt der Berg nicht zu Mohammed, so geht Mohammed zum Berg, dachten wir und brachen am Nachmittag auf, um unter dem Geleit unserer schönen Freundinnen den „furchtbaren König" zu besuchen, unter dem wir uns einen gewaltigen Kriegshelden, einen tatkräftigen Eroberer vorstellten, weil er der Schrecken aller war, die wir auf Ulietea kennengelernt hatten. Und anstelle unseres Idealhelden fanden wir einen abgelebten, armseligen, schwachen Greis, der vor Alter halb blind, träge und fast kindisch war.

Er empfing uns ohne jede besondere Feierlichkeit und ohne jedes Gepränge. Wir überreichten ihm unser Geschenk, worüber er so zufrieden war, dass er noch ein Schwein dreingab. Wir wussten, dass er sich am liebsten auf Otaha aufhielt. Daher teilten wir ihm mit, dass wir beabsichtigten, am nächsten Tag dieser Insel einen Besuch abzustatten, und luden ihn ein, mit von der Partie zu sein, was er auch zusagte.

Am nächsten Morgen brachen wir mit der Pinasse und dem langen Boot auf. Unterwegs stieß der König zu uns. Als wir in Otaha landeten, machte ich ihm eine Axt zum Geschenk, in der vergeblichen Hoffnung, dass er dann unseren Tauschhandel protegieren würde. Um die Mittagszeit nahmen wir Abschied von ihm. Wir aber trennten uns, um die Küste nach verschiedenen Seiten zu befahren. Bei dieser Gelegenheit machte ich sehr gute Geschäfte. Inzwischen war das Leck ausgebessert worden, und als wir Ostwind bekamen, segelten wir ab. Tupia bat mich, eine Kugel gegen Bolabola abzufeuern. Ich tat dem braven Mann, der seinen Feinden zeigen wollte, mit welchen

Mächten er befreundet war, den Gefallen und ließ eine Kanone abfeuern. Ich taufte die Inselgruppe: „Die Gesellschaftsinseln", behielt aber für die einzelnen Inseln die alten Namen bei.

Wir setzten unseren Lauf gegen Süden fort. Zur Mittagsstunde des 13. Augusts erblickten wir im Südosten Land. Tupia sagte uns, dass wir die Insel Oheteroa vor uns hätten. Um 6 Uhr befanden wir uns kaum drei Seemeilen von ihr entfernt; ich ließ daher die Segel kürzen und lavierte die ganze Nacht über hin und her. Am nächsten Morgen steuerte ich auf die Insel zu. Wir liefen unter dem Wind und hielten uns hart an der Küste, an der wir eine Anzahl Eingeborener beisammen erblickten. Um neun Uhr schickte ich meinen Leutnant Gore mit der Pinasse ab und beauftragte ihn, eine Landung zu versuchen und wenn möglich von den Eingeborenen zu erfahren, ob die Bai vor uns Ankergrund habe und was für Land weiter südwärts liege. Herr Banks und Dr. Solander schlossen sich Herrn Gore an und nahmen Tupia als Dolmetscher mit. Als sie sich dem Land näherten, sahen sie, dass die Eingeborenen mit langen Lanzen bewaffnet waren. Um eine Landspitze zu umschiffen, steuerte Herr Gore längs der Küste hin, was ihm die Eingeborenen als Feigheit auslegten. Der Trupp war etwa sechzig Mann stark. Sie setzten sich in den Sand, doch folgten einige Krieger dem Boot und versuchten, es durch Schwimmen zu erreichen und zu entern. Das Boot steuerte indes um die Landspitze und kam in eine große Bai, an deren Küste sich sofort ein Haufen bewaffneter Insulaner zeigte. Unsre Leute beschlossen hier zu landen und näherten sich der Küste, von der ein Kahn voll Bewaffneter abstieß. Sobald er in der Nähe war, ließ Herr Gore den Eingeborenen durch Tupia sagen, dass wir in friedlicher Absicht kämen und ihnen Nägel schenken wollten, die man ihnen zeigte. Nach kurzer Beratung kamen sie näher und nahmen einige Nägel an, allein sie benützten diese Gelegenheit zu einem verräterischen Überfall. Drei von ihnen sprangen in unser Boot. Der Erste sprang neben Banks und suchte ihm das Pulverhorn zu entreißen. Banks entwand es ihm und suchte ihn über Bord zu drängen, allein der Eingeborene behauptete seinen Platz. Herr Gore wollte seine Kugelbüchse abfeuern — der Schuss versagte. Die Mannschaft feuerte nun über die Köpfe der Eingeborenen weg, was diese vor Schrecken Hals über Kopf ins Wasser trieb. Als die braunen Gesellen wegschwammen, sandte ihnen einer von unseren Leuten eine Kugel nach, wodurch ein Eingeborener einen Streifschuss an der Stirn erhielt. Die Wunde war so leicht, dass sie ihn nicht hinderte, eilig in den Kahn zu springen und stark nach dem Ufer zu rudern, wo sich inzwischen mehr als zweihundert Krieger versammelt hatten. Unser Boot steuerte ebenfalls nach dem Land, konnte aber wegen einer Sandbank nicht anlegen.

Gore hielt es daher für gut, der Küste entlang zu rudern und einen günstigen Landungsplatz zu suchen. Unsre Leute beobachteten, wie die Eingeborenen sich um die Krieger drängten und eifrig gestikulierten. Bald darauf lief ein einzelner Krieger mit der Lanze in der Hand uns nach. Als er uns eingeholt hatte, fing er an wild zu tanzen, seine Lanze zu schwingen und grelle Schreie auszustoßen. Wie Tupia erklärte, bedeutete dieser Hokuspokus die Kriegserklärung der Insulaner. Das Boot ruderte immer weiter; der Kriegsbote folgte uns und wiederholte seinen Kriegstanz. Da Leutnant Gore keine passende Landungsstelle fand, so kehrte er um und steuerte direkt auf die Landungsstelle der Eingeborenen, um diese zu einem Palaver zu veranlassen und zu einem Friedensvertrag zu bewegen.

In diesem Augenblick kam ein andrer Kriegsbote, der eine aus den schillernden Schwanzfedern der schönsten Tropenvögel zusammengesetzte Mütze und Kleider aus Tuchen von allen Farben trug und das Tanzen noch besser verstand als sein Vorgänger. Der Matrosenwitz unserer Leute taufte den Gecken Hanswurst. Da seine Bocksprünge unser Boot nicht zum Stillhalten brachten, näherte sich ein älterer Häuptling und fragte unsere Leute, wer sie wären und woher sie kämen. „Von Otahiti!", antwortete ihm Tupia in dessen eigener Sprache. Die Eingeborenen beratschlagten aufs Neue. Tupia stand ihnen tapfer Rede und Antwort, flüsterte aber Herrn Gore fortwährend zu, auf seiner Hut zu sein, denn die Eingeborenen wären immer noch sehr kriegerisch gesinnt. Endlich wollten sie uns Lebensmittel verkaufen, machten aber zur Bedingung, dass wir ohne Waffen an Land kommen sollten, worauf Gore sich nicht einließ. Vielmehr kehrte er sofort zum Schiff zurück.

Die Waffen dieser kriegerischen Eingeborenen bestanden aus langen Lanzen und kürzeren Piken, die auch als Keulen dienten. Lanzen und Keulenpiken waren aus dem sehr harten Holz des Etoabaumes verfertigt und mit viel Sorgfalt poliert. Wir sahen Lanzen von 20 Fuß Länge, die trotzdem nicht über drei Finger dick waren. Die Waffe, die als Keule und als Pike diente, war etwa 7 Fuß lang und war an einem Ende mit einer Beilspitze versehen. Gegen diese Waffen schützten sie sich durch eine Mattenrüstung, mit der sie unter ihren Kleidern den Leib bedeckten. Ob diese primitive Rüstung aber Schutz gewährt gegen die Lanzen mit dem Stachel des Rochens als Spitze, die wir in dieser Gegend sahen, ist mehr als zweifelhaft.

Tupia sagte uns, dass in verschiedenen Entfernungen und Tagen zwischen Süden und Nordosten von Oheteroah außerordentlich fruchtbare Inseln lägen.

Allein da ich mir vorgenommen hatte südwärts zu steuern, um womöglich festes Land zu entdecken, so ging ich auf die dringenden Vorstellungen Tupias nicht ein.

Sechstes Kapitel.

Neue Entdeckungen. — Kriegerischer Empfang. — Drei Gefangene. — Verhandlungen.

Wir segelten am 15. August von Oheteroah ab.

Am 25. August feierten wir mit einem großen Fass Starkbier, das sich vortrefflich gehalten hatte, und mit einem großen Chesterkäse den Jahrestag unserer Abreise von England. Am 30. sahen wir einen Kometen.

Am 1. September waren wir in der südlichen Breite von 40 Graden 22 Minuten und in der westlichen Länge von 174 Graden 29 Minuten. Da wir aber in dieser Gegend kein Anzeichen von Land sahen, und da von Westen her Sturmwogen anrollten, so wich ich, in der Besorgnis, an Segeln und Tauwerk schwer geschädigt zu werden, dem Sturm aus und segelte nach Norden.

Am 1. Oktober sahen wir eine große Menge Vögel, einen Seehund und Seetang. Am 2. Oktober sichteten wir vom Mastkorb aus Land; es lag in Nordwest, und wir steuerten gerade in derselben Richtung. Dem Ansehen nach musste es von beträchtlicher Größe sein.

Am nächsten Tag war Windstille; wir näherten uns daher dem Land nur sehr langsam. Als am Nachmittag eine Brise einsetzte, waren wir noch 7—8 Seemeilen davon entfernt. Je näher wir kamen, desto größer schien es zu sein. Wir konnten vier bis fünf Reihen von Bergen erkennen, die sich übereinander erhoben, und ganz im Hintergrunde erblickten wir eine Kette von Gebirgen, die über alles ragte und erstaunlich hoch zu sein schien. Die meisten unter uns meinten, dass es die Terra australis incognita sei, die wir jetzt glücklich entdeckt hätten.

Um 5 Uhr entdeckten wir die Einfahrt einer Bai, die ziemlich weit ins Land zu greifen schien. Wir hielten uns hierauf näher an den Wind und steuerten gegen die Bai an. Gleichzeitig sahen wir an verschiedenen Stellen landeinwärts Rauch aufsteigen. Da indessen die Nacht einbrach, so lavierten wir hin und her. Bei Tagesanbruch fanden wir uns unter dem Wind der Bai, der aus Norden blies. Wir konnten jetzt schon unterscheiden, dass die Berge mit Wäldern bedeckt und dass unter den Bäumen in den Tälern einige von ungeheurer Größe waren. Um die Mittagszeit gelangten wir bis an die südwestliche Spitze hin; da es uns aber des Windes wegen nicht gelingen wollte sie zu umsegeln, so wendeten wir und entfernten wir uns wieder. Um diese Zeit sahen wir verschiedene Kähne quer über die Bai laufen, ohne dass sie uns bemerkt hätten.

Wir erblickten gleichzeitig einige kleine, aber geschmackvolle Häuser. An einem davon versammelte sich eine beträchtliche Menschenmenge, die sich nach einer Beratung, bei der wir die Hauptrolle spielen mochten, nach dem Strand begab und sich dort niedersetzte. Wir konnten ferner ganz deutlich erkennen, dass der Gipfel eines Berges des nordöstlichen Vorgebirges mit Palisaden umzäunt war.

Um 4 Uhr des Nachmittags kamen wir an der nordwestlichen Seite der Bai vor der Mündung eines kleinen Flusses auf feinsandigem Boden etwa eine halbe Seemeile von der Küste entfernt vorüber. Die Seiten der Bai bestehen aus hohen, weißen Klippen; der mittlere Teil ist niedriges Land, hinter dem sich mehrere Reihen von Bergen stufenweise eine über die andre erheben und sich endlich in die Gebirgskette verlieren, die weit innen im Land zu lagern schien. Gegen Abend ging ich in Begleitung der Herren Banks und Dr. Solander mit der Pinasse und der Jolle an Land und nahm auch eine Abteilung meiner Leute mit.

Wir landeten dem Schiff gegenüber auf der Ostseite des Flusses, der hier etwa 120 Fuß breit war. Da ich aber einige Eingeborene an dem anderen Ufer erblickte, mit denen ich zu verhandeln wünschte, und da ich keine Furt im Fluss fand, so ließ ich die Jolle kommen, um uns hinüberzuführen. Als wir uns den Eingeborenen näherten, liefen sie davon. Wir landeten trotzdem, ließen vier Jungmatrosen an der Jolle und gingen nach den Hütten, die etwa 700 Fuß weit vom Ufer ab lagen. Sobald wir uns vom Boot entfernt hatten, rannten vier mit langen Lanzen bewaffnete Männer aus dem Wald nach dem Boot, um sich seiner zu bemächtigen. Die Leute in der Pinasse aber entdeckten sie und riefen den Jungmatrosen zu, den Fluss hinabzufahren. Die Matrosen ließen sich dies nicht zweimal sagen, indessen setzten ihnen die Eingeborenen doch so scharf nach, dass der Bootsmann in der Pinasse für nötig fand, eine Kugel über die Köpfe der Eingeborenen zu feuern. Der Schuss erschreckte sie ein wenig, sie blieben stehen und sahen sich um, doch kurz darauf setzten sie der Jolle wieder nach, wobei sie drohend ihre Lanzen schwangen. Man feuerte hierauf einen zweiten Schreckschuss ab, aber sie kehrten sich nicht daran, und einer von ihnen machte Miene, seine Lanze nach der Jolle zu werfen. Der Bootsmann schoss jetzt zum dritten Mal, und der Angreifer blieb tot liegen. Die anderen Eingeborenen blieben vor Erstaunen und Furcht wie versteinert stehen, dann aber zogen sie sich zurück, indem sie den Leichnam des Gefallenen hinter sich herzogen. Doch ließen sie ihn bald liegen, um sich durch eilige Flucht in Sicherheit zu bringen. Auf den Knall des ersten Schusses sammelten wir uns, liefen so schnell als möglich nach dem Boot zurück und fanden, als wir über den Fluss setzten, den Eingeborenen auf dem Boden liegen. Er war mitten durchs Herz getroffen. Er war ein Mann von mittlerer Größe und brauner, nicht sehr dunkler Farbe.

Die eine Seite seines Gesichtes war mit regelmäßigen, schneckenförmigen Linien tätowiert. Gekleidet war er in Tuch von feinstem Gewebe. Nach dieser Untersuchung kehrten wir sofort nach dem Schiff zurück.

Am nächsten Morgen sahen wir wiederum eine große Anzahl Eingeborener an ihrer Beratungsstelle; einige unter ihnen untersuchten eifrig unsere Landungsstelle. Da es mir darum zu tun war, mit ihnen in freundlichen Verkehr zu treten, so ließ ich drei Boote mit Seesoldaten und Matrosen bemannen und fuhr mit Banks, Dr. Solander, den anderen Herren und Tupia an Land. Ungefähr fünfzig Eingeborene taten so, als warteten sie auf uns. Im Glauben, dass sie sich vor uns fürchteten, ging ich ihnen mit Herrn Banks, Dr. Solander und Tupia entgegen. Wir waren nur einige Schritte weit, als sie alle miteinander aufsprangen und der eine seine Lanze, der andre ein Kriegsbeil hervorzog. Diese Waffe war einen Fuß lang, aber 4—5 Pfund schwer und aus ungemein kunstvoll geglättetem, grünem Talkstein geformt. Tupia rief sie in ihrer Sprache an und bot ihnen Frieden. Statt jeder Antwort schwenkten sie drohend ihre Waffen und machten uns Zeichen, uns zurückzuziehen. Wir feuerten eine Muskete ab, jedoch weit von ihnen, denn wir hatten noch den Fluss zwischen uns, sodass die Kugel über den Wasserspiegel strich.

Als sie die Bewegungen und die Wirkung der Kugel sahen, ließen sie von ihren Drohungen ab. Trotzdem hielten wir es für das Klügste, uns zurückzuziehen und die Seesoldaten landen zu lassen. Wir ließen die kleine Truppe mit ihrer Fahne eine Anhöhe besetzen.

Hier wurde sie in Schlachtordnung aufgestellt. Ich rückte sodann mit Herrn Banks, Dr. Solander, Green, Monkhouse und Tupia wieder vor. Tupia eröffnete das Palaver, und wir bemerkten mit großem Vergnügen, dass ihn die Eingeborenen verstanden. Er sagte ihnen, dass wir ihnen gegen Eisen und andre Tauschwaren Lebensmittel abkaufen wollten. Wir fanden sie zu diesem Handel scheinbar geneigt; sie verlangten aber, dass wir zu ihnen hinüberkommen sollten, was wir ablehnten, da uns Tupia dringend riet, auf unserer Hut zu sein, und sie sich nicht verpflichten wollten, die Waffen abzulegen. Wir stellten ihnen, dagegen anheim zu uns herüberzukommen. Endlich entkleidete sich einer und schwamm ohne seine Waffe zu uns herüber; zwei andre folgten seinem Beispiel; bald nachher kamen dreißig bewaffnet über den Fluss.

Wir machten ihnen Geschenke von Glaskorallen und Nägeln, wogegen sie uns, da sie deren Gebrauch nicht kannten, nur einige Federn verehrten. Auf ihren dringenden, listigen Vorschlag, mit ihnen zum Zeichen der Freundschaft die Waffen zu tauschen, konnten wir natürlich nicht eingehen. Die Wilden versuchten sodann mit Gewalt zu ihrem Ziel zu kommen. Wir waren aber darauf vorbereitet und ließen ihnen durch Tupia androhen, dass wir sie im Falle weiterer Gewalttätigkeiten unweigerlich töten würden. Trotzdem stahl wenige Augenblicke später ein kecker Wilder den Hirschfänger des Herrn Green und flüchtete, indem er triumphierend seinen Raub über dem Kopf schwang.

Das war für die Übrigen das Signal zu bedrohlichen Unverschämtheiten. Wir mussten sie deshalb in ihre Schranken zurückweisen. Herr Banks feuerte sofort mit Schrot in einer Entfernung von 45 Fuß auf den Dieb und traf ihn. Trotzdem schwenkte dieser uns zum Hohn seinen Raub und suchte ihn auf dem Felsen, der in der Mitte des Flusses lag und wohin sich die Wilden nach dem Schuss geflüchtet hatten, in Sicherheit zu bringen. Herr Monkhouse kam dem mit einer gut gezielten Kugel zuvor. Als jener tot zu Boden stürzte, kamen die anderen sofort herbei; zwei von ihnen rannten zu dem Toten hin, der eine ergriff sein Kriegsbeil und flüchtete damit, der andre versuchte den Hirschfänger zu erobern. Monkhouse war ihm aber zuvorgekommen. Jetzt rückten die Wilden zum Angriff gegen uns vor. Wir schossen drei mit Schrot geladene Büchsen gegen sie ab und schlugen sie dadurch gänzlich in die Flucht. Wir hatten drei von ihnen getroffen. Die Wilden zogen sich allmählich ins Land zurück; wir aber bestiegen unsere Boote.

Um wenigstens frisches Wasser zu erhalten und womöglich einige Eingeborene an Bord zu nehmen und sie durch gute Behandlung und Geschenke zu

Freunden zu gewinnen, ruderte ich um die Spitze der Bai herum. Die Brandung war jedoch überall so stark, dass ich keinen Landungsversuch wagte. Ich erblickte aber zwei Kähne von der See hereinkommen, wovon der eine unter Segel war und der andere gerudert wurde. Das war eine günstige Gelegenheit, einige von den Eingeborenen aufzuheben und sie für unsere Zwecke zu verwenden. Ich verteilte daher meine Boote, um die beiden Kähne abzufangen. Der eine Kahn bemerkte uns, und es gelang ihm zu entwischen, der andre aber segelte in die ihm gestellte Falle. Sobald uns jedoch seine Besatzung erblickte, reffte sie das Segel ein und ruderte mit solcher Kraft, dass sie unsere Boote hinter sich ließ. Tupia schrie den Wilden aus vollem Halse zu, zu halten: Wir seien Freunde. Aber die braunen Burschen verließen sich mehr auf ihre Ruder, als auf unsere Freundschaft, und versuchten zu entkommen. Ich ließ hierauf eine Muskete über ihre Köpfe abfeuern in der Hoffnung, das würde sie veranlassen, sich zu ergeben. Sie hielten auch mit Rudern ein und fingen an, sieben an der Zahl, sich zu entkleiden. Wir glaubten, sie täten das, um über Bord zu springen; die Sache war aber anders gemeint. Denn als wir nahe an sie herankamen, warfen sie ihre Lanzen, Beile, Steine gegen uns, sodass wir gezwungen waren, eine Salve auf sie abzufeuern, wodurch vier Mann fielen. Die anderen drei, Knaben und Jünglinge von 11, 15 und 19 Jahren, sprangen sofort über Bord und suchten sich durch Schwimmen zu retten. Mit vieler Mühe gelang es uns, die drei jungen Leute, die wie Enten schwammen, ins Boot zu ziehen, wo sie zusammenkauerten. Da die Unglücklichen ohne Zweifel erwarteten, kurzweg hingerichtet zu werden, so ließen wir sie durch Tupia beruhigen, versorgten sie mit Kleidern und gaben uns die erdenklichste Mühe, sie von unserem Wohlwollen zu überzeugen. Die jungen Wilden, die befürchtet hatten, irgendeinem Dämon geopfert zu werden, tauten förmlich auf; sie waren mit ihrem Schicksal versöhnt und guter Dinge. An Bord des Schiffes entwickelten sie einen guten Appetit, auch gaben sie Tupia Auskunft auf seine Fragen und nahmen an allem, was sie sahen und was um sie herum vorging, den größten Anteil.

Wir bestärkten sie in ihrer Frohlaune, so dass sie tanzten und einige ihrer Lieder zum Besten gaben, deren Rhythmus und Wohlklang uns ebenso sehr in Erstaunen setzte, wie der hohe Grad von Kunstfertigkeit der drei Sänger, von denen die zwei ältesten Brüder waren. Nach dem Frühstück, bei dem sie wie alle Wilden einen fabelhaften Appetit entwickelten, ließ ich sie von Kopf bis Fuß neu kleiden und stattete sie mit Armbändern und Fußringen sowie mit buntfarbigen Halstüchern aus. In dieser Kleiderpracht wollte ich sie an Land setzen, in der Hoffnung, dass die Wilden, wenn sie auf diese Weise erführen, wie gütig wir unsere Gefangenen behandelten, ihr Misstrauen gegen uns fallen lassen und in die dargebotene Freundeshand einschlagen würden. Ich ließ dann das Boot aussetzen und meinen Gefangenen sagen, dass wir sie an Land bringen und ihnen die Freiheit schenken wollten. Diese Nachricht brachte sie vor Freude so außer sich, dass sie tanzten. Als sie aber bemerkten, dass wir nach unserer ersten Landungsstelle am Fluss hinruderten, da baten sie flehentlich, man möge sie nicht an diesem Orte aussetzen, denn hier wohnten ihre Feinde, die sie töten und fressen würden. Auf diese Weise war es wieder nichts mit meiner Diplomatie. Weil ich aber schon die Seesoldaten unter dem Befehl eines Offiziers an Land geschickt hatte, so beschloss ich ebenfalls dort zu landen; den jungen Wilden ließ ich durch Tupia versichern, dass

wir sie am Abend nach dem Teil der Küste bringen
würden, den sie als ihre Heimat bezeichneten. Herr
Banks und Dr. Solander waren bei mir. Als wir mit
den jungen Wilden landeten und über den Fluss gingen, schienen sie sich die Sache anders überlegt zu
haben, denn sie nahmen, wenn auch nicht ohne inneren Kampf und Tränen, plötzlich Abschied von
uns. Wir gingen dann nach einem Sumpf hin, der außerordentlich reich an Enten war, um dort zu jagen,
während uns vier Seesoldaten auf einer Anhöhe flankierten, von der aus man die ganze Gegend übersehen konnte.

Wir waren etwa eine Meile weit vorgedrungen, als
uns die Soldaten meldeten, dass ein starker Trupp
Wilder zum Vorschein komme und eilfertig heranrücke. Auf diese Meldung hin zogen wir uns zusammen
und eilten nach den Booten zurück. Kaum hatten wir
den Rückmarsch angetreten, so kamen unsere jungen Wilden aus einem Busch, in dem sie sich verkrochen hatten, hervor und baten uns sie mitzunehmen.
Wir eilten mit ihnen dem Strand zu. Die Wilden rückten indessen über die Anhöhe — die die Seesoldaten
verlassen hatten, um zu uns zu stoßen — und um
den Sumpf herum, aber in einem so ängstlichen, vorsichtigen Tempo heran, dass wir bequem in dem kleinen Boot zu den Seesoldaten, die mit Holzfällen beschäftigt waren, übersetzen und die Schlachtordnung
bilden konnten. Die Wilden kamen nicht, wie wir erwartet hatten, in Trupps, sondern paarweise herab,
jedoch wuchs ihre Anzahl in Kurzem bis auf 200
Mann.

Wir beschlossen, einem zwecklosen Kampf vorzubeugen und an Bord zurückzukehren. Als wir in die
Pinasse einsteigen wollten, erkannte einer unserer
jungen Wilden unter den Indianern seinen Oheim,

mit dem er sofort ein Gespräch anknüpfte, in das sich auch Tupia mischte. Der Mann kam denn auch zu uns herüber geschwommen und brachte einen grünen Zweig mit, den er uns durch Tupia überreichen ließ. Wir machten ihm einige Geschenke und luden ihn ein, mit uns an Bord des Schiffes zu gehen, was er ablehnte.

Wir verabschiedeten uns von ihm und nahmen als selbstverständlich an, dass sein Neffe und dessen Kameraden bei ihm bleiben würden, allein zu unserer größten Verwunderung wollten sie lieber mit uns gehen.

Sobald wir weggerudert waren, pflückte der Wilde einen Zweig und legte ihn unter allerhand Zeremonien auf den Leichnam des von uns erschossenen Indianers, dann kehrte er, um zu berichten, zu seinen Gefährten zurück, die sich sofort um ihn gruppierten und, wie wir von Bord des Schiffes aus durch unsere Ferngläser beobachteten, fast eine Stunde lang berieten. Später holten sie die Leiche auf einem Floß ab und trugen sie dann auf einer Art von Bahre ins Innere des Landes; den zweiten Leichnam dagegen ließen sie an dem Ort liegen, wo er von Anfang an gelassen worden war.

Nach dem Mittagessen ließ ich meine drei jungen Wilden durch Tupia fragen, ob sie an dem Ort, wo wir mit ihrem Oheim zusammen gewesen wären, nicht an Land gehen wollten, da ja der Friede durch die Wegnahme des Leichnams wiederhergestellt sei. Sie erklärten sich dazu bereit, sprangen munter ins Boot und ebenso munter an Land, doch kaum stieß das Boot wieder ab, so wateten sie ins Wasser und baten, wieder an Bord genommen zu werden. Ich hatte aber zuvor streng verboten, sie wieder aufzunehmen. Wir konstatierten dann später durch unsere Ferngläser, dass ein Eingeborener die drei jungen Wilden auf einem Floß nach einer Stelle verbrachte, wo etwa 40 bis 50 Wilde weilten, die nach Untergang der Sonne nach jenem Küstenstrich hinzogen, den unsere Gefangenen davor als ihre Heimat bezeichnet hatten. Wir waren daher über ihr Schicksal beruhigt. Nach Eintritt der Finsternis hörten wir wie gewöhnlich laute Stimmen vom Land her, über deren Bedeutung wir uns aber nicht klar wurden.

Am folgenden Morgen um 6 Uhr lichteten wir die Anker und steuerten aus dieser unwirtlichen Unglücksgegend, die von den Eingeborenen Taoneroa oder „langer Sand" genannt wird. Das feste Land erstreckte sich von Nord-Ost-Nord gegen Süden hin, und ich nahm mir vor, der Küste entlang bis zum 40. oder 41. Breitengrad zu fahren und dann eventuell nach Norden umzukehren. Nachmittags trat Windstille ein.

Als die Eingeborenen bemerkten, dass das Schiff stilllag, stießen verschiedene Kähne von der Küste ab, die sich uns bis auf eine Viertelmeile näherten. Tupia gab sich zwar alle Mühe, die Eingeborenen zutraulicher zu machen, allein er verschwendete nur die Kraft seiner Lunge und seine Beredsamkeit, die in solchen Fällen von klassischer Unerschöpflichkeit war. Unterdessen sahen wir einen Kahn von Taoneroa mit vier Leuten an Bord herankommen. Als sie näherkamen, erkannten wir einen unter ihnen als den Mann, mit dem wir auf dem Felsen unterhandelt hatten. Die Vier ruderten direkt auf uns zu und legten, ohne sich im geringsten um die anderen zu kümmern, hart an das Schiff; es dauerte nicht lange, so kamen sie auf unsere Einladung hin an Bord. Die übrigen Wilden folgten dem ihnen gegebenen Beispiel nach, und bald hatten wir etwa 50 Mann an Bord und 7 Kähne um uns herum. Wir bedachten sie freigebig mit Geschenken; sie waren überdies so handelseifrig, dass sie sogar die Kleider vom Leibe und die Ruder aus den Booten an uns vertauschen wollten. Von der ganzen Gesellschaft waren nur zwei mit Waffen versehen, dem Pätuh-Pätuh, einem Kriegsbeil aus grünem Talkstein, mit dem sie wohl imstande waren den härtesten Schädel zu spalten.

Wir erkundigten uns sofort nach unseren jungen Wilden und erfuhren, dass sie daheim in Sicherheit wären. Der Erzähler fügte hinzu, dass er und seine Freunde sich nur deshalb an Bord gewagt hätten, weil die drei jungen Eingeborenen unsere Gastfreundschaft so sehr gerühmt hätten. Die Zeit über, wo sie bei uns an Bord weilten, versicherten sie uns ihrer Ergebenheit; auch luden sie uns dringend ein, in die verlassene Bai zurückzukehren. Ich wollte aber lieber meine Entdeckungen fortsetzen; auch hoffte ich nicht ohne Grund, bald einen guten Hafen zu finden. Kurz vor Sonnenuntergang ruderten unsere Gäste weg, wobei sie im Durcheinander drei der Ihrigen im Schiff zurückließen. Wir machten sie zwar sofort aufmerksam, aber es fiel niemand ein, umzukehren; noch mehr wunderten wir uns über die Verlassenen selbst, die uns ihre Tänze vorführten und ihre Reigen sangen und so ruhig zu Bett gingen, als gehörten sie zum Schiff. Bald nach Einbruch der Nacht begann eine leichte Brise zu wehen. Wir steuerten längs der Küste hin und legten bei, als neue Windstille eintrat. Trotzdem waren wir einige Seemeilen weitergekommen.

Alls am nächsten Morgen die Eingeborenen dies bemerkten, jammerten sie gottserbärmlich über ihr Schicksal.

Tupia beruhigte sie mit Mühe. Um 7 Uhr kamen zwei Kähne von Land in Sicht, und es gelang Tupia und den drei Wilden, den Führer eines der Kähne, einen alten Häuptling, zu bewegen, an Bord zu kommen und die Drei aus ihrer fatalen Lage zu befreien.

Was den alten Herrn zu diesem Abenteuer bewog, war die eidesstattliche Versicherung seiner Landsleute, dass wir keine Menschenfresser wären, was uns ein indirekter Beweis dafür war, dass auf der Insel der Kannibalismus herrschen müsse, worauf ja auch die wiederholte Äußerung der jungen Wilden schließen ließ.

Wir befanden uns, als wir absegelten, einer Landspitze gegenüber, die ich wegen ihrer Gestalt das Tafelvorgebirge nannte; sie ist ziemlich hoch, bildet einen scharfen Winkel und ist eben. Um die Mittagszeit stießen wir ungefähr vier Seemeilen weiter auf ein kleines Eiland, das Teahorvray der Wilden, das ich wegen seiner großen Ähnlichkeit mit dem Portland der Themse die Insel Portland nannte. Während wir unseren Lauf längs der Küste nahmen, versammelte sich hier und auf der Insel eine große Menge Eingeborener, denen unser Erscheinen gewiss viel zu denken gab. Mittags ließ sich ein Kahn blicken mit vier Insassen; einer von ihnen schien durch seine Gebärden bald Frieden bald Krieg zu künden, tanzte mitunter und grölte ein heiseres Lied. Tupia redete lang auf ihn ein, konnte ihn aber nicht bewegen, an Bord zu kommen. Wir segelten weiter, gerieten aber in seichtes Wasser. Doch vermochten wir uns wieder loszuwinden und legten dann bei. Als wir vor Anker lagen, kamen zwei Kähne so nahe an uns heran, dass Tupia mit den Insassen sprechen und wir ihnen Geschenke zuwerfen konnten, mit denen sie sich dann seelenvergnügt trollten.

Siebtes Kapitel.

Neue Feindseligkeiten. — Das Kap der Kindesdiebe — Gastfreundliche Wilde. — Abenteuer in der Tegaduhbai.

Am folgenden Morgen, den 15. September, erhob sich um 5 Uhr ein Nordwind. Wir lichteten sofort die Anker und steuerten gegen das Land hin. Gegen Abend versuchten wir in eine Einfahrt hineinzufahren, machten aber wieder kehrt, als wir entdeckten, dass es sich nicht um die Einfahrt eines Hafens handelte. Dabei verfolgte uns ein großes Kriegskanu. Es war mit ungefähr zwanzig Bewaffneten besetzt, die uns mit höhnischen Worten zum Kampf herausforderten. Wir ließen die Möpse ruhig den Mond anbellen. Am nächsten Tag bekamen wir das im Land liegende Gebirge zu sehen, dessen höchste Gipfel mit Schnee und Eis bedeckt waren. An der Küste war das Land niedrig und unfruchtbar. In einer kleinen Entfernung sahen wir Haine von Bäumen, die hochstämmig und oben spitzig waren. Ich ließ die Pinasse und das lange Boot aussetzen, um frisches Wasser aufzusuchen. In diesem Augenblick bemerkten wir verschiedene stark bemannte Kähne aus dem Land herauskommen. Um 10 Uhr wurden fünf von diesen Kähnen zusammengezogen. Sie hielten eine Art von Kriegsrat, der für den Krieg ausgefallen sein musste, denn sie rückten gegen das Schiff vor. Diese fünf Kähne hatten 80—90 Mann an Bord; in einer kurzen Entfernung folgten ihnen noch vier Boote nach, jedenfalls als Reserve.

Kaum hatten sie sich uns auf dreihundert Schritte genähert, als die Wilden ihren Kriegsgesang anstimmten, ihre Lanzen schwenkten und sich zum Angriff formierten. Tupia rief ihnen zu, dass wir den Donner in der Gewalt hätten und sie alle vernichten würden, wenn sie uns nicht in Ruhe ließen. Zur Bekräftigung dieser Worte ließ ich eine Kanone abfeuern. Der Knall, der Blitz und die Kugeln des Traubenschusses, die sich fächerartig im Wasser ausbreiteten, erschreckten die Eingeborenen in solchem Maße, dass sie sich eiligst zurückzogen. Tupia aber rief ihnen nach, dass wir sie, wenn sie ohne Waffen kommen wollten, als Freunde aufnehmen würden. Die Besatzung eines der Boote ließ sich wirklich dazu bewegen, unbewaffnet zu uns ans Hinterteil des Schiffes zu kommen. Wir machten ihnen verschiedene Geschenke und würden sie auch bewogen haben an Bord zu kommen, wären nicht die übrigen Kähne in feindlicher Absicht herangekommen, worüber die anderen sehr empört waren. Nach kurzer Auseinandersetzung ruderten sie alle an Land.

Am nächsten Tag früh 8 Uhr befanden wir uns endlich der Landspitze gegenüber. Hier kamen einige Fischer zu uns, die uns einige sehr verdächtig riechende Fische verkauften, aber bereit waren, uns in jeder Weise zu unterstützen. Leider wurden sie durch die Besatzung eines Kriegskahns verscheucht, der sich frech an uns heranmachte. Obgleich die Bewaffneten nichts zu verkaufen hatten, so schenkte ich ihnen doch einige Stücke Tuch. Einer von ihnen vertauschte mir sein Bärenfell für ein Stück rotes Tuch, nahm dieses in Empfang, gab aber das Fell nicht heraus. Bei dem sich deshalb entspinnenden Streit bemächtigten sich die Fischer des Dieners Tupias, Tayeto, der an die Seite des Schiffes gestellt worden war, um die eingetauschten Sachen heraufzureichen. Zwei hielten ihn im Vorderteil des Kahnes fest, während die anderen eiligst wegruderten, welchem Beispiel die übrigen Kähne folgten. Hieran gab ich den Seesoldaten, die auf Verdeck unter Gewehr standen, Befehl zu feuern. Ein Mann fiel. Tayeto benützte die

Verwirrung, um sich loszureißen und ins Wasser zu springen. Der große Kahn wendete, um ihn zu verfolgen; ich vertrieb ihm die Lust dazu durch ein paar gut gezielte Gewehr- und Kanonenschüsse. Wir konnten den armen Burschen unverletzt auffangen, aber er war so erschrocken, dass er lange nicht zu sich kam. Die Herren Banks und Solander konstatierten durch das Fernrohr, dass die Wilden drei Männer tot oder doch schwer verletzt den Strand hinaufgetragen hätten. Als Tayeto sich von seinem Schrecken erholt hatte, brachte er seinem Herrn einen Fisch, um ihn seinem Eatua, seinem Gott, zu opfern. Tupia lobte den frommen Sinn des Knaben und befahl ihm, den Fisch als Dankopfer ins Meer zu werfen. Das Vorgebirge, an dem dieser freche Raub stattfand, nannte ich Kap Kidnappers, das Kap der Kinderdiebe.

Wir fuhren noch einige Zeit lang südwärts. Da ich aber nirgends einen guten Hafen fand, so machte ich an einem Vorgebirge mit gelben Steinklippen in einer südlichen Breite von 40 Graden, 34 Minuten, 18 Seemeilen Süd-Süd-West von Kap Kidnappers, kehrt. Am 18. des Morgens um 4 Uhr lag Kap Kidnappers 2 Seemeilen weit nordwärts und 3 westwärts.

Die Nacht über legte ich am Tafelvorgebirge bei, am Morgen segelte ich gegen Land, um in einer Bai 2 Seemeilen weit vom Kap vor Anker zu gehen. Die Eingeborenen, die uns mit ihren Kähnen beständig umschwirrten, hatten uns auf diesen Ankerplatz aufmerksam gemacht und dabei beständig auf eine Gegend hingewiesen, wo es Überfluss an frischem Wasser gab.

In der Bai selbst fand ich nicht so viel Schutz vor der See, wie ich erwartet hatte. Da uns aber die Eingeborenen freundlich gesinnt schienen, so wollten wir länger hier verweilen. In einem der Kähne, die uns besuchten, kamen auch zwei Häuptlinge. Ich lud sie ein an Bord zu kommen und schenkte jedem von ihnen 12 Fuß Leinwand und einen großen Nagel, den sie nicht sehr wertschätzten. Wir hörten von ihnen, dass sie über die Vorfälle in der Taoneroabai unterrichtet waren, und ließen ihnen daher durch Tupia sagen, dass wir freundschaftliche Absichten hegten und uns nur wehrten, wenn man uns angriffe. Unterdessen trieben die Eingeborenen im Kahn einen regen Tauschhandel mit unseren Leuten. Ich lud die Häuptlinge zu Tisch. Nachher begleiteten sie mich in meinen eigenen Booten, um mir eine günstige Wasserstelle zu zeigen. Da es jedoch stürmisch und regnerisch war und die Brandung hochlief, sodass wir keine Landungsstelle finden konnten, so ließen sie sich in ihren eigenen Kähnen an Land bringen, versprochen aber wiederzukommen und Lebensmittel mitzubringen. Gegen Abend heiterte sich das Wetter wieder auf. Ich ging mit den Herren Banks und Dr. Solander an Land. Die Eingeborenen empfingen uns überall mit den Zeichen der Ergebenheit und vermieden es sogar, uns durch unmäßige Neugierde und Ansammlung großer Menschenmengen lästig zu fallen. Auch in den Häusern, die wir besuchten, kamen höchstens die Nachbarn zusammen, sodass wir nie mehr als zwanzig Personen, die Weiber und Kinder inbegriffen, antrafen. Wir machten ihnen kleine Geschenke. Der Umstand, dass wir auf unserem Spaziergang zwei kleine Bäche mit gutem Süßwasser fanden, bewog mich, dort einen Tag zu verweilen, um Herrn Banks Gelegenheit für seine Untersuchungen zu geben und gleichzeitig unsern Wasservorrat zu erneuern.

Ich schickte am nächsten Tag den Leutnant Gore mit seiner Mannschaft an Land, um Wasser einzuholen. Die Herren Banks, Dr. Solander und Monkhouse folgten mit Tupia und Tayeto nach. Die Eingeborenen setzten sich zu unseren Leuten und schauten ihnen interessiert zu. Auch etablierten sie einen kleinen Tauschhandel. Die Herren Banks und Dr. Solander erforschten ohne Vorsichtsmaßregeln die Pflanzenwelt der Bai und erlegten einige hervorragend schöne Vögel.

Unterwegs sprachen sie in verschiedenen Hütten der Eingeborenen vor und informierten sich über deren häusliches Leben. Man zeigte und erklärte ihnen alles, was sie wollten. Von Haustieren fanden sie den Hund in einer kleinen, hässlichen Abart vertreten. Die Felder waren wohlgepflegt und kunstgerecht angebaut. Gepflanzt wurden Kartoffeln, Kürbisse und Eddas. Merkwürdigerweise waren die Felder der einzelnen Besitzer mit Palisaden eingezäunt, deren einzelne Rohre so dicht beieinanderstanden, dass kaum eine Maus dazwischen durchkriechen konnte. Die Weiber waren eben nicht schön, aber sie machten sich dadurch noch hässlicher, dass sie ihr Gesicht mit rotem Ocker oder Rötel und Öl schminkten. Diese Schminke war stets frisch und feucht auf ihren Wangen und pflegte die Nase desjenigen zu kennzeichnen, der sich zum Kuss dahin verirrt hatte. Es gab natürlich ein Hallo, als einige unserer Schwerenöter mit diesem Steckbrief ihrer Sünde ahnungslos sich zeigten, denn sowenig schön diese Weiber auch waren, umso buhlerischer führten sie sich auf; und die Mädchen waren so üppig wie junge Füllen. Sie trugen einen kurzen Rock und unter diesem einen aus parfümierten Blättern geflochtenen Gürtel, an dem als intimster Schutz ein kleines Büschel von Blättern einer stark riechenden Pflanze befestigt war. Die Männer pflegten sich weniger zu schminken. Doch sahen wir einen Gecken, der sich den ganzen

Leib und sogar die Kleider mit Rötel gefärbt hatte und fortwährend damit beschäftigt war, die schadhaften Stellen seines geschminkten Äußern zu reparieren. An Reinlichkeit kamen sie unseren Freunden in Otahiti nicht gleich, zum regelmäßigen Baden im Freien war der Himmelsstrich doch zu kalt. Hingegen hatte fast jedes Gehöft seinen Abort. Was das anbetrifft, so waren sie kultivierter als die Spanier, denn ich weiß, dass es bis zum Jahr 1760 in Madrid keine Aborte gab und dass bis dahin alles, was man sonst in die Aborte schüttet, dort einfach auf die Straßen geschüttet und dann von den Straßenreinigern auf Haufen zusammengeschaufelt wurde. Die Madrider Ärzte waren auch einmal der Meinung, dass Kothaufen die hygienische Eigenschaft hätten, alle schädlichen Luftkörper an sich zu ziehen.

Am Abend waren unsere Boote mit Wassereinholen beschäftigt. Die Herren Banks und seine Gesellschaft, etwa acht Europäer, versuchten es nun, um nicht zu stören, sich in einem Indianerkahn zum Schiff rudern zu lassen. Aber da es sich in einem solchen Kahn so schwer sitzen lässt wie in einem sogenannten Grönländer, so schlug das leichte Ding in der Brandung um. Man kam mit dem Schrecken davon, ließ sich dann aber in zwei Partien an Bord rudern.

Weil ich es der starken Brandung wegen schwer fand, an diesem Platz Wasser einzunehmen, so beschloss ich abzusegeln. Ich lichtete daher am folgenden Morgen, früh um 5 Uhr, die Anker und lief in See. Die Tegaduhbai liegt in der Südbreite von 58 Graden, 10 Minuten. Von hier wollte ich nordwärts steuern, allein der Wind war mir entgegen, sodass ich nicht von der Stelle kam. Während ich ärgerlich gegen den Wind lavierte, kamen mehrere Eingeborene an Bord und sagten mir, dass es in einer Bai, die südwärts nicht weit entfernt liege, vortreffliches Wasser an einem Ort gebe, wo die Boote bequem landen könnten. Ich segelte also dorthin und fand alles bestätigt. Um 1 Uhr kam ich vor Anker. Die Wasserstelle lag in einer kleinen Bucht. Kaum hatten wir beigelegt, als auch schon eine Anzahl von Kähnen von der Küste her auf uns zuschossen. Bald herrschte um uns das reinste Marktleben, wobei sich die Eingeborenen, die an otahitischem Tuch und an gläsernen Flaschen einen Narren gefressen zu haben schienen, als grundehrlich erwiesen. Ich ging mit den Herren Banks und Dr. Solander an Land, um die Wasserstelle in Augenschein zu nehmen. Das Boot konnte bequem landen. Das frische Quellwasser war von vortrefflichem Geschmack, auch war die Gegend zum Füllen und Transport der Fässer günstig. Auch Holz zum Fällen war hier im Überfluss vorhanden. Am nächsten Tag schickte ich Herrn Gore mit allen Seesoldaten zur Erledigung dieses Geschäftes ab, bei dem ich die Oberaufsicht führte, während die Herren Banks und Dr. Solander ihre botanischen Untersuchungen fortsetzten.

Als sie am Abend nach der Wasserstelle zurückkehrten, begegneten sie einem alten Mann, der sie damit unterhielt, dass er ihnen den Gebrauch der Waffen dieses Landes, der Lanze und des Pätuh-Pätuh, zeigte. Die Lanze ist 10—14 Fuß lang und an beiden Enden gespitzt. Der Pätuh-Pätuh ist einen Fuß lang, aus Talkstein oder Walfischknochen gefertigt, mit zwei scharfen Schneiden versehen und wird als Streitaxt gebraucht. Der alte Wilde steckte einen Pfosten in die Erde, der seinen Feind vorstellen sollte. Auf diesen ging er dann mit wütendem Gesicht los, indem er seine Lanze wiederholt schwenkte und dann nach ihm stach. Hierauf ergriff er den Pätuh-Pätuh und schlug damit wütend auf den Pfosten ein. Aus diesem Umstand kann man darauf schließen, dass die Wilden in ihren Kämpfen ihre Feinde nicht nur unschädlich zu machen, sondern in der Hauptsache zu erschlagen bestrebt waren.

Unter den Indianern, die uns an der Wasserstelle aufsuchten, befand sich auch ein Priester, mit dem Tupia einen tiefgründigen theologischen Disput hatte. Bei dieser Gelegenheit erkundigte er sich denn auch bei seinem Standesgenossen, ob der Kannibalismus hier landesüblich wäre. Er erhielt die Antwort, dass man die erschlagenen Feinde zu verzehren pflege. Am 26. regnete es unaufhörlich, so dass wir an Bord des Schiffes verblieben. Den nächsten Tag ließen wir uns an der Wasserstelle von den Indianern Kriegsspiele vorführen. Die Männer stimmten den Schlachtgesang an, in den alle unter den abscheulichsten Gesichtsverzerrungen einfielen. Dabei rollten sie die Augen wild umher, streckten die Zunge heraus und verrenkten die Glieder, aber dies alles unter genauer Beobachtung des Taktes. Am 28. landeten wir auf einer Insel, die links von der Einfahrt in die Bai lag. Hier fanden wir den größten Eingeborenenkahn, den wir bisher gesehen hatten; er war 6872 Fuß lang, 5 Fuß breit und 472 Fuß hoch. Der Boden bestand aus drei ausgehöhlten Baumstämmen, von denen der mittlere am längsten war und die beiden Spitzen des Kahnes bildete. Die aus ein im Stück bestehenden 62 Fuß langen Seitenplanken waren mit halb erhabener Schnitzarbeit verziert. Am Vorderteil war diese noch sorgfältiger ausgeführt. Auch die Holzarbeit an einem noch unfertigen Haus, das wir dort sahen, war auf meisterhafte Weise nach dem auf schneckenförmige Linien und verzerrte Gesichter ausgehenden Kunstgeschmack der Eingeborenen verfertigt. Weil ich meinen Holz- und Wasservorrat er-

94

neuert und auch eine Menge Sellerie geladen hatte, der ein gutes Mittel gegen den Skorbut ist, so lichtete ich, weil es sonst nichts einzuhandeln gab, am 29. die Anker. Wir haben hier tatsächlich nichts als Fische und Kartoffeln erhalten können. Von Tieren bekamen wir nichts als Hunde und Ratten zu sehen.

Und selbst diese waren hier sehr selten. Am Eingang der Bai, die die Eingeborenen die Tolagabai nennen, liegen zwei charakteristische Felsen. Der eine ist rund wie ein Schober, der andre ist lang hingestreckt und an verschiedenen Stellen so durchlöchert, dass seine Öffnungen den Bogen einer Brücke ähnlich sind. Als wir Montag den 30. bei leichtem Wind zehn Stunden gesegelt waren, kamen wir an die nordöstliche Spitze des Landes, die ich das Ostkap nannte. Als wir es umsegelt hatten, erblickten wir eine große Anzahl Küstendörfer und viele angebaute Felder in fruchtbarer Gegend. Um 6 Uhr segelten wir an einer Bai vorbei, die ich nach ihrem Entdecker, meinem Leutnant Hicks, Hicksbai nannte. In der Nacht legte ich bei, segelte aber um 2 Uhr wieder weiter und erblickte um 8 Uhr Land, eine Insel, die ich die weiße Insel nannte. Hier wurden wir von einer Eingeborenen Flottille überfallen, die nach ein paar Schreckschüssen Hals über Kopf Reißaus nahm. Am 1. November kamen etwa 45 Kähne mit Eingeborenen an unsere Seite, die anfangs ehrlich handelten, dann uns aber bestahlen. Einen der Diebe bedachte ich mit einer Schrotladung. Die übrige Gesellschaft verjagte ich mit einem Kanonenschuss. Um 2 Uhr des Mittags erblickten wir gen Westen einige Inseln. Um 7 Uhr hatten wir sie erreicht. Nach einigem Zögern legte ich bei. Die Eingeborenen nannten sie die Mowtohorainsel. Es war ein Glück, dass wir in der Nacht nicht weitergefahren waren, denn kaum segelten wir am nächsten Morgen weiter, so zeigten sich verschie-

dene gefährliche Klippen, die etwa anderthalb Seemeilen von der Insel entfernt sind. Auf dieser Fahrt
wurden wir wiederholt von Eingeborenen, die sich
erst friedlich zeigten, mit einem Steinhagel bombar-
diert. Um 11 Uhr segelten wir wieder der Küste entlang. Die Dörfer, die wir hier erblickten, waren sehr
groß, lagen auf Höhen, die ans Meer stießen, und waren gegen die Landseite durch Schanzen und Gräben
verteidigt, innerhalb denen Palisaden steckten. Auch
waren einige dieser kleinen Dorffestungen noch
durch Außenwerke flankiert. Tupia hielt diese Plätze
für Morais, wir hielten sie mit größerem Rechte für
Festungswerke. An einer Insel, nordnordöstlich von
der Küste, übernachteten wir; ich taufte sie als die
größte ihrer Gruppe den Major. Das Land, woran wir
dann vorüber segelten, war außerordentlich volk-
reich. Wir sahen viele größere Städte, vor denen am
Strand einige Hundert Boote lagen.

Um 2 Uhr erblickten wir eine große Einfahrt; um 7
Uhr des Abends kamen wir im südlichen Eingang der
Bai, die ich Merkuriusbai nannte, in 7 Klaftern vor
Anker. Bis hierher wurden wir von Kähnen begleitet,
ziemlich primitiv ausgehöhlten Baumstämmen, deren
Insassen sich anfangs sehr bescheiden und friedlich
zeigten, bald nachher jedoch unseren Ankerboy zu
kapern versuchten. Wir feuerten darauf einige
Schreckschüsse ab, worauf sie in höchster Wut erklärten, morgen wiederzukommen und uns alle zu ermorden. Tatsächlich versuchten sie in der Nacht ihr
Heil, fanden uns aber immer auf dem Posten, sodass
sie vorzogen, sich ebenso leise zu entfernen, wie sie
gekommen waren. Am Morgen erschienen zwölf Kähne mit 150 Kriegern, die mit Lanzen, Keulen und
Steinen bewaffnet waren. Tupia gelang es, ihnen das
Unsinnige ihres Vorhabens begreiflich zu machen
und sie zu einem Tauschhandel mit uns zu bewegen.

Wir erboten uns, ihnen ihre Waffen abzukaufen. Bei den ersten Geschäften ging es ehrlich zu, nachher betrogen sie uns auf das frechste. Weil ich mir aber vorgenommen hatte, fünf bis sechs Tage hierzubleiben, um den Durchgang des Merkurs zu beobachten, so zog ich, um ihren Unverschämtheiten ein für allemal die Spitze abzubrechen, schärfere Saiten auf. Ein Dieb erhielt einige Schrotschüsse und sein Boot eine Kugel als Denkzettel, worauf er sich davonmachte. Obwohl er stark blutete, so kümmerte sich doch niemand von den anderen um sein Schicksal. Einem Tuchdieb zerschoss ich seinen Kahn, und zum Schluss ließ ich eine Kanonenkugel abfeuern, die uns von der Gesellschaft befreite. Um 3 Uhr lichtete ich den Anker und lief näher an die Küste heran, wo ich das Schiff in günstigerer Lage sicherte. In dieser Lage hatten wir die südliche Spitze der Bai eine Meile weit ostwärts und einen Fluss, in den die Boote bei niedrigem Wasser einlaufen konnten, anderthalb Meilen weit in Süd-Süd-Osten.

Am nächsten Morgen kamen die Eingeborenen wieder, aber wir bemerkten zu unserem Vergnügen, dass sie sich sehr bescheiden aufführten. Unter ihnen war ein alter Häuptling Toiava, dessen Klugheit und Ehrlichkeit uns schon letzthin imponiert hatte. Wir forderten ihn auf an Bord zu kommen, was er auch in Begleitung eines anderen tat. In der Kajüte machte ich jedem von ihnen ein Stück Tuch und einige große Nägel zum Geschenk. Die beiden erzählten uns, dass ihre Landsleute in großer Furcht vor uns lebten, worauf wir ihnen durch Tupia verständlich machten, dass wir nur denen Schaden zuzufügen pflegten, die uns feindlich gegenübertreten oder uns bestehlen. Nachdem uns die Eingeborenen verlassen hatten, fuhren wir mit den Booten den Fluss hinauf, um dort zu fischen, waren aber nicht besonders glücklich. Indessen konnten wir einige Vögel schießen. Am Morgen wurde das lange Boot wiederum ausgeschickt, um mit dem Strichnetz in der Bai zu fischen; gleichzeitig wurde Mannschaft unter dem Kommando eines Offiziers zum Holzfällen an Land gesandt. Am 7. war schlechtes Wetter. Am 8. gingen die Herren Banks und Dr. Solander an Land, um Pflanzen zu sammeln. Da sie erst spät am Abend zurückkehrten, hatten sie Gelegenheit, sich das Nachtlager der Eingeborenen anzusehen. Ihre Decke bestand aus Strauchwerk. Die Weiber und Kinder legten sich am weitesten vom Meer landeinwärts auf den Boden nieder; die Männer aber lagerten sich im Halbkreis um sie, wobei sie ihre Waffen an die nächsten Bäume so angelehnt hatten, dass sie sie jederzeit zur Hand hatten. Man erfuhr auch, dass sie weder dem Oberkönig Teratu noch sonst jemand untertan waren, und wir nahmen deshalb an, dass sie eine nomadisierende Bande rechtlos gewordener Geächteter seien.

Kurz nach Anbruch des folgenden Tages kam eine große Menge Kähne mit ausgezeichneten Makrelen ans Schiff, die wir sofort einhandelten. Um 8 Uhr hatten wir bereits Fische für Tage und Wochen an Bord. Wir frühstückten sofort von den delikaten Fischen. Alsdann begab ich mich mit den Herren Green, Banks und Dr. Solander in der besten Laune an Land, um den Durchgang des Merkurs bei klarem Himmel zu beobachten. Der Eintritt des Merkurs in die Sonnenscheibe ereignete sich um 7 Uhr 20 Min. 58 Sek., die innere Berührung um 12 Uhr 8 Min. 58 Sek., die äußere um 12 Uhr 9 Min. 55 Sek. Kurz daraus wurden wir durch einen Schuss vom Schiff aus erschreckt. Leutnant Gore war im Tauschhandel von einem Eingeborenen bestohlen und insultiert worden und hatte in seiner Aufregung den Mann, statt ihm eine Ladung Schrot aufzubrennen, erschaffen, worauf er den übrigen Schwarm der Wilden mit einem Kanonenschuss verscheuchte. Als die Nachricht von diesem Vorfall an Land gelangte, erschraken die Eingeborenen, die sich in unserer Nähe befanden; sie vereinigten sich sofort und zogen sich zur Beratung zurück.

Als wir ihnen aber genauen Bericht erstatten ließen, kamen sie zurück und billigten das Geschehene, da der Erschossene seine Strafe verdient hätte. Kurz vor Sonnenuntergang brachen unsere Eingeborenen auf, um ihre Abendmahlzeit zu bereiten. Weil uns dies interessierte, begleiteten wir sie. Ihre Gerichte bestanden aus Fischen, Krebsen und Vögeln, die sie teils gebraten teils gebacken verspeisten. Das Backen geschah mit heißen Steinen auf dieselbe Weise wie in Otahiti, das Braten dadurch, dass sie die Fische oder Vögel an Stecken banden und über Feuer hielten. In der Gesellschaft der Eingeborenen sahen wir eine Frau in Trauer.

Sie saß einsam, die Tränen liefen ihr beständig die Wangen herab, dabei wiederholte sie in leisem, klagendem Ton gewisse Worte, deren Sinn selbst Tupia nicht enträtseln konnte. Am Schluss eines jeden Satzes zerfetzte sie sich mit einer Muschelschale Gesicht, Brust und Arme so sehr, dass sie ganz mit Blut bedeckt war.

Doch schienen die Verletzungen, die sie sich beibrachte, nicht so schwer zu sein wie nach den Narben zu urteilen die, die sich einige ihrer Leidensgefährtinnen beigebracht hatten.

Um Morgen darauf ging ich mit Herrn Banks und den anderen Forschern in beiden Booten nach dem Land hin, um einen großen Fluss zu erforschen, der sich in den oberen Teil der Bai ergießt. Wir ruderten ungefähr 4—5 Meilen weit; hier war der Fluss breiter als an der Mündung und durch angeschwemmte Inseln gespalten, auf denen die Mangroven, harzreiche Bäume, wuchsen.

Auf einer der Inseln schossen wir uns ein Gericht Vögel, die wir auf dem Rost brieten und zu Mittag verspeisten. An der Mündung des Stromes entdeckten wir ein kleines eingeborenes Dorf, wo wir sehr gastfreundlich aufgenommen und mit Schalentieren von ausgezeichnetem Geschmack bewirtet wurden; wir aßen sie so heiß, wie sie vom Feuer kamen. In der Nähe dieses Dorfes befanden sich auf einer Landspitze die Überreste einer Festung, die von den Eingeborenen Ippäh oder Hippäh genannt wurde. Der beste Festungsbaukünstler hätte keine vorteilhaftere Lage für diesen Zweck wählen können als der eingeborene Erbauer dieser Festung, die, auf drei Seiten von Wasser und steilen Klippen umgeben, von hierher unzugänglich gemacht war. Die Landseite war durch Schanzen, einen 22 Fuß breiten, 14 Fuß tiefen Graben und durch Palisaden geschützt. Das Ganze könnte mit leichter Mühe so befestigt werden, dass die Mannschaft eines europäischen Schiffes sich gegen den Angriff des ganzen Volkes verteidigen könnte.

Am 11. war das Wetter so windig und regnerisch, dass sich kein Kahn vom Land in See wagte. Da wir aber tags zuvor mehrere reich besetzte Austernbänke entdeckt hatten, so sandten wir das lange Boot ab, um die delikate Ernte einzuheimsen. Es kam nach einer Weile voll beladen zurück, und nun begann an Bord ein Wettausternessen bis in die sinkende Nacht.

Wir konnten uns das leisten, denn unsere Austernbänke waren unerschöpflich und die Austern so gut wie die besten Colchesteraustern, weshalb ich dem Strom den Namen Austernstrom gab.

Achtes Kapitel.

Forschungen. — Eine Naturfestung. — Kunstvolle Bauten. — Ein diebischer Geselle. — Seltsame Tätowierungen. — Eine Sektion und ihre Folgen. — Kannibalismus.

Am 12., an einem Sonntag, ruderte ich in Begleitung der Herren Banks und Dr. Solander mit der Pinasse und der Jolle nach der nördlichen Baiseite hinüber, um das Land und zwei befestigte Dörfer in Augenschein zu nehmen, die wir in einer gewissen Entfernung entdeckt hatten. Wir landeten unterhalb des kleineren Dorfes, das in höchst romantischer und anmutiger Lage auf einem kleinen Felsen aufgebaut war, der vom festen Land abgetrennt und zur Zeit der Flut mit Wasser umgeben war. Den einzigen Zugang zu dieser Naturfestung bildete ein steiler, schmaler Saumpfad, auf dem uns die Einwohner entgegenkamen, um uns zur Besichtigung ihres Hippäh einzuladen. Wir lehnten diese Einladung jedoch ab, da wir die größere Festung, die eine Meile entfernt lag, besichtigen wollten. Jedoch verteilten wir an die Frauen und Mädchen kleine Geschenke. In diesem Augenblick sahen wir auch die Bewohner des kleinen Städtchens, das wir besichtigen wollten, uns zur Begrüßung entgegenkommen, Männer, Weiber, Kinder, über hundert an der Zahl. Als sie sich so weit genähert hatten, dass wir einander verstehen konnten, winkten sie uns unter Horomairufen grüßend mit den Händen und setzten sich dann zwischen den Gebüschen am Strande nieder. Wie uns Tupia sagte, war diese Zeremonie bei ihnen das Zeichen freundschaftlicher Ergebenheit. Wir eilten also zu ihnen

Abb. 8: Ein typischer Hippäh

hin, begrüßten sie, machten ihnen einige Geschenke und baten sie um die Erlaubnis, ihr Hippäh zu besuchen. Mit Jubel bewilligten sie unsere Bitte, indem sie gleich als Führer vorausgingen. Wharretouwa, so hieß das Städtchen, liegt auf einem hohen Vorgebirge, das in die See hinausläuft und an der nördlichen Seite der Bai liegt.

Von zwei Seiten wird das Hippäh von der See bespült, hier ist es ganz unzugänglich. Die beiden Landseiten sind großartig befestigt. Die eine, die nach dem Strand zu liegt, ist außerordentlich steil, die schwächere wird durch zwei starke Gräben beschützt. Außerdem ist das ganze Hippäh mit starken Palisaden von 10 Fuß Höhe umgeben. Auch das Innere der eigenartigen Festung ist durch Palisaden und durch Wehrtürme befestigt, von denen aus die Belagerten ihre Feinde mit Lanzen und durch ein Steinbombardement zurücktreiben können. Das Ganze ist in der Tat uneinnehmbar und gegen jeden Sturmangriff gefeit. Auf der schwächeren Seite, der Bergseite, gibt es einige kleine Außenwerke, und verschiedene Hütten als Wohnungen für Leute, die wegen Platzmangels nicht in der Festung wohnen können, aber doch unter deren Schutz leben wollen. Das Innere der Festung war ursprünglich ein spitzer Hügel, der zu Ansiedlungszwecken abgetragen, d. h. amphitheatralisch derart abgegraben wurde, dass das Städtchen eigentlich aus bebauten Stufen besteht, die unter sich wieder durch enge Gässchen verknüpft sind, sodass der Feind, wenn er die äußern Palisaden erobert hat, sich gezwungen sieht, die einzelnen Stufen zu erstürmen, was vielleicht noch schwerer ist als die Ersteigung der äußeren Palisaden selbst.

Wir fanden viele derartige Burg- und Festungsbauten längs der Küste, auf Felsen, Inseln, ja selbst auf Klippen, die eher zu Vogelnestern als für menschliche Wohnungen geeignet waren. Und doch ist es etwas sehr Sonderbares, dass der Erfindungsgeist, der diesen wilden Menschen den Plan zu ihren bewundernswerten Festungsbauten eingab, sie nicht auch auf den naheliegenden Gedanken gebracht hat, Wurfgeschosse zu deren Niederzwingung zu erfinden. Denn außer ihren Wurfspießen kennen sie nur den Naturstein als Waffe, und zwar als Handwaffe. Denn sie haben keine Art von Bogen, um einen Pfeil abzuschießen, keine Steinschleuder, nichts, um auf größere Entfernungen hin zu wirken! Allerdings sind die Spitzen ihrer langen Lanzen mit Widerhaken versehen, und sie bedienen sich deren mit solcher Kraft und Geschicklichkeit, dass ich es mit keiner anderen Waffe als mit einer gut geladenen Muskete gegen sie aufnehmen wollte. Wir besichtigten die Festung sehr eingehend mit dem größten Interesse und kehrten hochbefriedigt gegen Abend an Bord zurück.

Am 15. segelte ich in Begleitung vieler Kähne aus der Bai hinaus. Der gute Toiava klagte mir noch zum

Abschied, dass er jetzt nach unserer Abreise in sein Hippäh flüchten müsse, denn die Verwandten des von Gore Erschossenen wollten dessen Tod an ihm rächen, weil er unser Freund sei. Wir trösteten den alten Herrn mit einigen Geschenken. Ich will noch bemerken, dass unsere Geologen an verschiedenen Stellen dieser Bai Eisen- und Erzsand fanden, der von den verschiedenen Bächen aus dem Innern des Landes herabgeschwemmt worden war — ein deutliches Kennzeichen dafür, dass die Berge um die Bai herum eisenerzhaltig sein mussten.

Am 18. befanden wir uns einem Vorgebirge gegenüber, von dem einige feindliche Kähne gegen uns abstießen. Tupia suchte die Wilden zu beschwichtigen, allein sie riefen drohend: „Kommt an Land, und wir werden euch alle töten!" –– „Gut," antwortete Tupia, „aber warum belästigt ihr uns, solange wir in See sind? Da wir keine Zeit haben mit euch zu fechten, so werden wir eure Herausforderung an Land zu kommen nicht annehmen. Hier aber habt ihr kein Recht Streit anzufangen, denn das Meer gehört euch sowenig wie das Schiff!" Da diese rednerische Argumentation nichts nutzte, sandte ich den nackten Herrschaften eine Kugel zu, die sie in die Flucht trieb. Tags darauf erhielten wir den Besuch eines Enkels unsres Freundes Toiava, den wir reichlich beschenkten. Wir ankerten am nächsten Tag in einem Kanal; ich benutzte die Windstille, um mit Dr. Solander an die westliche Küste zu gehen. Als wir das Schiff verließen, waren viele Kähne um uns versammelt. Herr Banks blieb deshalb an Bord, um mit den Eingeborenen zu handeln. Er tauschte Waffen und Kleider der Wilden, die sich ehrlich zeigten, hauptsächlich gegen — Papier ein[4]. Ein junger Wilder stahl indessen in der Kajüte ein Halbminutenglas und wurde dabei erwischt. Herr Hicks verordnete ihm zwölf Hiebe mit der neunschwänzigen Katze und ließ ihn zu diesem Zweck an die Schiffswand binden.

Als die anderen Eingeborenen dies sahen, drohten sie das Schiff zu überfallen. Herr Hicks blieb fest, und Tupia musste den Indianern sagen, dass man ihren Genossen nicht töten, sondern für den Diebstahl bestrafen wolle.

Mit dieser Erklärung gaben sie sich zufrieden. Der Dieb erhielt seine Zwölf aufgezählt; sobald er freigelassen war, wurde er von einem alten Eingeborenen, anscheinend seinem Vater, nochmals tüchtig verprügelt und dann in seinen Kahn geschickt. Allein die Wilden waren dadurch eingeschüchtert und verzogen sich bald, um sich nicht mehr blicken zu lassen. Dicht bei dem Kap, das in der Breite von 56 Graden 26 Minuten liegt und das ich nach Seiner Lordschaft Kap Colville nannte —- es ist an einem hohen Felsen zu erkennen, den man sehr weit und deutlich erblicken kann — mündet ein Strom in die Bai, den ich die Themse nannte. Er besitzt eine Tiefe von über 26 Klaftern. Die Eingeborenen, die in der Nähe dieses Stromes wohnen, scheinen im Verhältnis zu den ungeheueren Länderstrichen, die sie besitzen, nicht sehr zahlreich zu sein; sie sind aber ein starkes, wohlgebildetes und fleißiges Volk. Merkwürdigerweise bemalen sie sich den ganzen Leib von Kopf bis Fuß mit Rötel, das in Öl gerührt wird, eine Mode, die wir zum ersten Mal hier fanden.

---

4 Diese Vorliebe für Papier scheint auf Neuseeland, denn um dieses handelt es sich oben, traditionell zu sein. Ein neuseeländischer Häuptling sagte einmal zu dem Forscher Earle, indem er den Geschmack von Menschenfleisch rühmte: „Menschenfleisch ist weich wie Papier."

Abb. 9: Ein neuseeländischer Kahn.

Ihre Kähne sind groß, schön gebaut und mit reichem, geschmackvollem Schnitzwerk versehen. Wir steuerten von hier zwischen der Küste und den davor lagernden Inseln hindurch und ankerten bei Anbruch der Nacht in einer Bai. Unsre Leute warfen Angeln aus, und wir fingen in kurzer Zeit etwa hundert Stück 6—8 Pfund schwere Seebrassen. Am 25. verließen wir die Bai, die ich die Brassenbai taufte, und steuerten weiter nördlich. Wir ankerten in der Nähe einiger kleiner Inseln, die ich die Poor Knights, „die armen Ritter" hieß. Am Abend hatten wir den üblichen Streit mit betrügerischen Eingeborenen. Des Morgens schon zwischen 6 und 7 Uhr ruderten große, stark bemannte Kähne an das Schiff heran. Unter ihnen waren mehrere reich verziert und anscheinend von Personen höherer Stände besetzt, die aufs Beste bewaffnet waren.

Die Waffen bestanden in steinernen und walfischbeinernen Pätuh-Pätuhs und in reich verzierten Walfischgräten. Ihre Hautfarbe war stark braun, auch trugen sie sogenannte Amocos, schwarze, tätowierte

Flecken am Leibe. Unter anderem hatten sie breite Spirallinien auf jedem Gesäß, das sie mit Schwarz so tätowiert hatten, dass von der Hautfarbe nichts übrig blieb als die Streifen. Infolgedessen sah es aus, als trügen sie gestreifte Badehosen. Jeder Stamm hatte sein besonderes Amoco. Einzelne waren ganz tätowiert, andre nur auf dem Gesäß; gemeinsam war nur das Amoco der Lippen. Die Kerle hatten alle Mäuler, als ob sie Heidelbeeren gegessen hätten. Die Bande wollte uns um ein Tuch betrügen, aber eine Kugel brachte sie zur Vernunft. Als wir am Nachmittag an der Landspitze vorbeisegelten, fand ich diese doch bedeutender. Ich nannte sie Sir Piercy zu Ehren Kap Brett. Dieses Kap ist viel höher als irgendein Teil der Küste. An seiner westlichen Seite liegt eine Bai; wir sahen an ihr verschiedene Dörfer teils auf Inseln, teils an der Küste. Die Bewohner kamen auf ihren Kähnen herbei und versuchten es, uns über die Löffel zu barbieren. Wir ließen es ziemlich ungestraft hingehen. Aber einer der Unteroffiziere, den sie beim Einkauf betrogen hatten, nahm seine Angel, fitzte dem Betrüger den Haken geschickt in den mit viel Amoco geschmückten unteren Rückenteil und zupfte ziemlich lange daran herum, bis der Angelhaken brach. Der den Angelhaken im Fleische sitzen hatte, brauchte auch für den Spott nicht zu sorgen. An diesem Tag sahen wir mehr als fünfhundert Wilde bei uns, ein Beweis für den Volksreichtum dieser Gegend.

Um 8 Uhr des nächsten Morgens befanden wir uns inmitten einer Anzahl von Inseln, wo wir der Windstille wegen zwei Stunden liegen blieben. Die Eingeborenen verkauften uns einige Fische, die wir Cavalles nannten, und nach diesen tauften wir die Inselgruppe. Die Halunken waren hier so verwegen, dass sie uns sogar während des Tauschgeschäftes bedrohten. Als ihre Anzahl durch die Ankunft mehrerer Kähne verstärkt worden war, fingen sie sogar an, mit Steinen nach uns zu werfen, worauf wir mit Schrot unter sie feuerten. Sie ließen nicht eher nach, als bis wir einigen von ihnen einen ziemlich empfindlichen Denkzettel gegeben hatten, worauf wir in die hohe See hinaussteuerten. Da uns der Wind zuwider war, steuerte ich am 29. nach einer Bai in der Nähe, westwärts vom Kap, und legte dort bei. Leider waren wir auf eine Untiefe geraten, weshalb ich durch Boote die Nachbarschaft sondieren ließ. Unterdessen drängten sich ungefähr 400 Eingeborene in ihren Kähnen um uns herum. Wir ließen einige von ihnen an Bord kommen. Darunter befand sich ein Häuptling, dem ich ein Stück feinen Tuches schenkte. Ich erkannte einige der Eingeborenen wieder; sie mussten uns ebenfalls wiedererkennen, denn der bloße Anblick einer Kanone jagte ihnen sichtlich Schrecken ein.

Trotzdem stahl uns die Mannschaft eines der Kähne die Ankerboje. Wir feuerten sofort eine Muskete über ihre Köpfe ab. Das nutzte nichts. Wir feuerten mit Schrot auf sie, doch sie waren zu weit. Nun schossen wir scharf und verwundeten einen von ihnen.

Zuletzt ließ ich noch eine Kanone abbrennen. Tupia sagte ihnen später, dass wir nur die Diebe züchtigten, und machte sie dadurch wieder zutraulich.

Als wir das Schiff von der Untiefe weg in gesicherte Lage gebracht hatten, ließ ich die Pinasse und die Jolle mit bewaffneten Mannschaften zurück und ruderte mit Herrn Banks und Dr. Solander nach einer vom Schiff etwa drei Viertelstunden entfernten Insel. Die Kähne der Eingeborenen blieben beim Schiff, was wir für ein gutes Zeichen hielten. Allein kaum hatten wir in einer kleinen Bucht gelandet, so folgten uns die Kähne, und bald sahen wir uns etwa von zwei- bis dreihundert Mann umringt, die teils gelandet, teils von den Bergen gekommen waren. Alle waren bewaffnet, liefen aber so durcheinander, dass wir nicht an eine feindselige Haltung der Eingeborenen glaubten. Doch zogen wir eine Linie im Sand und gaben ihnen zu verstehen, dass dies die Grenze sei, deren Überschreiten wir ahnden würden. Sie blieben zunächst unschlüssig. Als aber Verstärkung eintraf, begannen sie ihren Kriegstanz und drangen dann auf uns ein. Wir feuerten einige Schrotschüsse auf sie ab, was sie in Verwirrung brachte. Allein ein Häuptling organisierte schnell den Angriff. Dr. Solander jagte ihm eine Schrotladung zu, die er mit dem üblichen Danke quittierte; er floh und setzte sich mit seinen Kriegern auf einer Anhöhe fest. Da wir sie dort mit Schrot nicht erreichen konnten, so feuerten wir mit Kugeln. An Bord des Schiffes war man auch nicht müßig; von dort bemerkte man überdies, dass immer noch mehr Eingeborene heranrückten, die wir nicht sehen konnten. Mit ein paar in die Luft geschossenen Kanonenkugeln wurde der Feind in die Flucht geschlagen.

Nun waren wir Herren der Bucht und gingen an das friedliche Geschäft des Einsammelns von — Sellerie.

Bald nachher besuchten wir eine andre Bucht derselben Insel und bestiegen dort einen Berg, der eine wundervolle Aussicht bot. Um uns herum im weiten Horizont lagen unzählige Inseln. Jede bildete einen reizenden Hafen, in dem die leuchtende See so still dalag wie das Wasser in einem Mühlenteiche.

Hübsche Dörfer, einzelne Gehöfte, angebaute Felder wechselten miteinander ab. Eines von diesen ziemlich großen Dörfern lag in der Nähe. Seine Einwohner kamen in großer Menge heraus und huldigten uns in rührender Weise. Der ungünstigen Windverhältnisse halber mussten wir in dieser Bai verweilen. Wir hatten uns inzwischen mit den Eingeborenen vollständig ausgesöhnt; sie kamen oft ans Schiff, und wir besuchten sie in ihren Dörfern. Auf diese Weise lernten wir auch unsere Verwundeten kennen, so den Dieb der Ankerboje, dem die Kugel durch die Armmuskeln gegangen war und die Brust gestreift hatte. Die ziemlich bedenkliche Wunde war in vollständiger Heilung begriffen. Auch der von Dr. Solander verwundete Häuptling, der von dem Schrotschuss in die Schenkel getroffen worden war, schien sehr getröstet, obwohl ihm noch ein halbes Dutzend Schrotkörner in den Muskeln steckten. Eines Tages begleitete uns ein alter Mann hartnäckig. Als wir an eine kleine Burg kamen, zu der eine Leiter hinaufführte, blickte er uns scheu und ängstlich an. Das reizte unsere Neugierde, und wir erklärten ihm, dass wir diese Hühnerburg besichtigen wollten, was er gegen das heilige Versprechen erlaubte, oben nichts — Unanständiges zu tun, denn dort wohne seine Frau. Wir beruhigten ihn und kletterten die Stange mit den paar Sprossen hinauf. Als wir eintraten, fanden wir drei Weiber versammelt, die bei unserem Anblick in Tränen ausbrachen. Es wurde uns nicht schwer, die drei Grazien zu beruhigen.

Am 5. Dezember lichteten wir früh um 4 Uhr bei leichtem Landwind den Anker. Den ganzen Tag lavierten wir, um aus der Bai hinauszukommen; indessen trat um 10 Uhr des Abends solche Windstille ein, dass das Schiff sich weder auf die eine noch auf die andre Seite wenden lassen wollte. Da die Flut nun so stark anlief, wurde es plötzlich so rapid gegen das Land angetrieben, dass es kaum noch eine Kabellänge von den Klippen entfernt war. Wir hatten zwar 13 Klafter Wasser, allein der Grund war so unsicher, dass wir nicht mehr wagten die Anker auszuwerfen. Ich ließ daher sofort die Pinasse ausheben, um das Schiff an einem Tau fortzuschleppen. Die Mannschaft erkannte die Gefahr sofort und arbeitete mit aller Energie. Glücklicherweise bekamen wir von der Landseite her Wind, und nun bemerkten wir zu unserer unaussprechlichen Freude, dass sich das Schiff vorwärts bewegte. Es war die höchste Zeit. Wir waren nämlich der Küste schon so nahe gekommen, dass Tupia in der Lage war, sich mit den Leuten an Land zu verständigen. Wir glaubten frei zu sein, als der Mann in den Püttings 17 Klafter meldete. Fast in demselben Augenblick stieß das Schiff gegen den Grund. Die Erschütterung jagte uns allen den größten Schrecken ein. Herr Banks, der im Begriff war ins Bett zu steigen, hörte „5 Klafter" melden.

Der Felsen, auf den wir gerannt waren, lag zum Glück gegen den Wind. Infolgedessen wurde das Schiff gleich wieder abgetrieben, ohne den geringsten Schaden gelitten zu haben, und fiel in 20 Klafter. Mit dem von Nordwest kommenden frischen Wind liefen wir in die See[5].

Am 14. Januar 1770 befanden wir uns in einer Bai in der Nähe des Kaps Egmont (am Eingang der Cookstraße, direkt östlich vom Kap Kidnappers). Die Küste schien hier verschiedene Baien zu bilden; ich nahm mir vor, um das Schiff gründlich zu reinigen, in eine davon einzulaufen. In dieser Absicht lavierte ich die Nacht hindurch. Um 2 Uhr nachmittags erst kamen wir vor Anker. Unser Ankerplatz war etwa vier

---

5 Hier folgen die Schilderung der Umschiffung des Nordkaps und die Daten der Fahrten bis zum 10. Januar. Die Beschreibung ist zu sehr nur technischer Natur, als dass sie allgemein interessieren könnte.

Kanonenschüsse von einem Hippäh entfernt, von dem einige Kähne gegen uns ausgesandt wurden. Die Mannschaft war gut bewaffnet. Mit den üblichen Herausforderungen rückten sie vor, bis es Tupia gelang, sie zu beruhigen, worauf ein alter Häuptling den Wunsch äußerte, zu uns an Bord zu kommen.

Seine Landsleute wollten ihn mit Gewalt daran hindern, allein er entwand sich mit heiterem Mut ihren Händen und kam zu uns an Bord. Wir reichten dem alten Herrn die üblichen Geschenke, dann kehrte er in seinen Kahn zurück. Nach einem Freudentanz in allen Kähnen kehrte man in das Fort zurück, während wir landeten. Am nächsten Morgen kamen drei Kähne. Die Eingeborenen hatten ihre Weiber mitgebracht, die uns sehr lästig wurden; sie trugen einen aus Federn hergestellten Chignon, der das Haupt gänzlich bedeckte und es doppelt so groß erscheinen ließ, als es war. Nach Tisch fuhr ich mit den Herren Banks und Dr. Solander nach einer zwei Meilen entfernten Bucht. Unterwegs fanden wir eine Frauenleiche, die auf dem Wasser trieb. Als wir landeten, flüchtete eine eingeborene Familie, die sich an der Küste aufhielt. Es gelang Tupia, sie zu beruhigen. Wir erfuhren, dass die Tote nach Landesbrauch mit einem Stein in die See versenkt worden war; wenn wir die Leiche schwimmend angetroffen hätten, so müsste der Stein durch irgendeinen Zufall losgekommen sein.

Die Wilden waren gerade beim Kochen. Als wir in einen der Körbe blickten, entdeckten wir zwei abgenagte Knochen darin, die unmöglich von einem Hunde sein konnten. Bei genauerer Besichtigung erkannten wir sie für Menschenknochen, was uns mit Schauder und Entsetzen erfüllte. Um allen Zweifeln ein Ende zu machen, ließen wir durch Tupia die Wilden fragen, was das für Knochen wären. „Die Knochen eines Mannes", antworteten sie gleichgültig. „Aber warum habt ihr die Frau nicht gegessen?" — „Die Frau war eine Verwandte und ist an einer Krankheit gestorben. Wir essen nur die Leiber unserer Feinde." Auf unsere Frage, wer der Mann gewesen sei, hörten wir, dass er zur Besatzung eines feindlichen Bootes gehörte.

Einer von uns fragte, ob sie noch Menschenfleisch hätten. Sie verneinten. Als wir aber scheinbar zweifelten, dass es wirklich Menschenknochen wären, bejahten sie die Frage. Einer von ihnen nahm den Knochen, nagte daran herum und gab durch Gebärden zu verstehen, dass es vorzüglich gemundet habe.

Dann gab er Banks den Knochen zum Andenken. In der Gesellschaft befand sich ein Weib, das sich aus Trauer den Körper auf entsetzliche Weise zerschnitten hatte; sie beklagte den Tod ihres Mannes, der sein Grab in den Mägen seiner siegreichen Gegner gefunden hatte.

Das Schiff lag kaum eine viertel Meile vom Land entfernt. Jeden Morgen wurden wir durch ein Vogelkonzert geweckt. Die Anzahl der gefiederten Sänger war unglaublich groß; sie wetteiferten förmlich miteinander. Und dieser Gesang war zauberhaft. Man glaubte lauter harmonisch abgestimmte Glöckchen zu hören; vielleicht wurde dieser Melodienzauber durch die Entfernung und das leise Rauschen des Meeres verschönert. Wir erfuhren von den Eingeborenen, dass die kleinen Sänger ihre Lieder immer zwei Stunden nach Mitternacht anstimmen und sie bis zum Sonnenaufgang in einer großen Symphonie ertönen lassen, dann aber wie unsere Nachtigallen schweigen.

Am Morgen kam ein kleiner Kahn, worin sich Unser Freund, der alte Häuptling, befand. Tupia erkundigte sich bei ihm wegen der bei seinen Stammesgenossen herrschenden Gewohnheit, Menschenfleisch zu essen. Der Alte wiederholte und bestätigte alles, was wir gestern gehört hatten. „Aber wohin kommen die Köpfe? Fresst ihr die auch auf?" fragte Tupia. „Von den Köpfen essen wir nur das Hirn", antwortete der Alte, und er versprach uns, bei einem späteren Besuch ein paar Schädel mitzubringen. Dann erzählte er Tupia, dass sie stündlich erwarteten, wegen der letzten Menschenfressereien von den Bluträchern ihrer Opfer überfallen zu werden. Wenige Tage später fiel uns auf, dass kein Kahn ans Schiff kam. Wir brachten dies mit den Kriegsbefürchtungen unserer Nachbarn in Verbindung und beobachteten daher mit unseren Ferngläsern den Kriegsschauplatz, entdeckten aber nicht das Geringste. Unsre Leute fanden in diesen Tagen im Wald drei menschliche Hüftknochen neben einer Backgrube der Wilden und brachten uns diese Knochen als weiteren Beweis des hier üblichen Kannibalismus.

Herr Monkhouse fand in einem verlassenen Dorf den Skalp eines Mannes.

Am 19. stellten wir die Schmiede auf, um unser Schiff auszubessern, das wir zu diesem Zweck auf die Seite legten. Am 20. kam der alte Herr und brachte vier Köpfe mit. Haar und Fleisch der Köpfe waren unversehrt, das Gehirn war herausgenommen. Banks konnte nur einen derselben erhandeln; wahrscheinlich bewahren diese Kannibalen die Köpfe ihrer Opfer als Siegeszeichen auf, denn das Fleisch schien präpariert zu sein. Durch einen Schlag gegen die Schläfe war der Schädel geöffnet worden, wie der Augenschein bewies. Am nächsten Tag fingen die Herren

Banks und Solander so viele Fische, dass die ganze Mannschaft damit beköstigt werden konnte. Am 24. statteten wir unseren Nachbarn im Hippäh einen Besuch ab. Sie empfingen uns mit der größten Ehrerbietung und zeigten uns ihre Wohnungen, die nicht nur bequem, sondern auch sehr reinlich waren. Auch boten sie uns Menschenknochen zum Kauf an. Weil wir alle diese „Andenken" als Beweisstücke ihrer Verirrung kauften, so wurden ihnen Menschenknochen zum Handelsartikel. In dem Dorf fanden wir ein Kreuz angebracht, das mit Federn verziert war. Man sagte uns, dass man es zum Andenken an einen fremden Mann errichtet habe. Da wir wussten, dass sie ihre Toten nicht begraben, so wollten wir Näheres wissen, aber sie verweigerten jede weitere Auskunft. Am 25. machte ich mit den Herren Banks und Dr. Solander einen Ausflug, wobei wir nomadisierenden Fischern, Männern, Frauen und Kindern, begegneten. Wir beschenkten sie mit Bändern und Glaskorallen und wurden dafür geherzt und geküsst. Am 26. errichteten wir auf einem Berg eine Steinpyramide, in der wir einige europäische Artikel vergruben, um dadurch anzukünden, dass wir die ersten Europäer in dieser Gegend waren. Später besuchten wir ein Felsenhippäh von hundert Häusern.

Wir beschenkten deren Bewohner mit allerlei Kleinigkeiten, wofür sie uns die Boote mit getrockneten Fischen füllten, wovon sie große Vorräte angesammelt hatten. Am 27. und 28. reparierten wir unser Schiff.

Am 29. kam Topaa, unser alter Herr, mit drei Eingeborenen. Am 30. ließ ich auf einer benachbarten Insel Sellerie einsammeln. Als unsere Leute dort erschienen, setzten sich mehrere Frauen in ihre Nähe und begannen sich Arme, Beine, Busen und Gesicht mit scharfen Muscheln zu zersetzen, aus Trauer darüber, dass die Feinde vor einigen Tagen ihre Männer getötet und gefressen hätten. Den übrigen Eingeborenen schien diese Szene ziemlich gleichgültig zu sein. Ich ließ durch den Schiffszimmermann auf dem höchsten Berg einen Pfosten errichten, an dem ich die englische Flagge hisste, und beauftragte gleichzeitig den alten Topaa, Gegenstände, die ich ihm gab, in Verwahrung zu nehmen und sie bei Gelegenheit dem Europäer, der nach uns hierherkommen sollte, als Beweis dafür zu zeigen, dass wir vor ihm da gewesen seien. Gleichzeitig taufte ich die Gegend „Königin-Charlotten-Sund" und ergriff von ihr im Namen König Georgs III. Besitz. Topaa sagte mir, dass der Kanal eine östliche Ausfahrt habe. Am 5. Februar endlich konnten wir die Anker lichten, wir mussten aber bald wieder beilegen; am 6. erst erhielten wir günstigen Wind, und ich steuerte in die Straße[6], in der wir einen erstaunlich hohen, mit Schnee bedeckten Berg erblickten. Bald waren wir am Endkap der Straße angelangt, das ich einem alten Freund, dem Kapitän Palliser, zu Ehren das Kap Palliser nannte. Am 9. Februar 1770, morgens um 11 Uhr, sahen wir Kap Turnagain ungefähr 7 Seemeilen weit von uns in Nord gen Ost halb Ost liegen. Ich rief die Offiziere auf Deck und konstatierte, dass Eaheinomauwe, wie die Eingeborenen das nördliche Neuseeland nennen, eine Insel sei und wir sie erstmals umschifft hätten. Da nun alle Zweifel gehoben waren, so richteten wir unseren Tan hart am Wind gegen Osten hin. Um 4 Uhr des Nachmittags steuerten wir unseren Kurs gen Südwest.

---

6   die nach ihrem Entdecker die Cookstraße genannt wird.

Neuntes Kapitel.

Neuseeländische Sitten. — Die Ursache des Kannibalismus. — Gastfreundliche Prostitution. — Zeitehen. — Abscheuliche Tänze — Die Frauen. — Die Religion.

Am 14. befanden wir uns dem Schneegebirge gegenüber; am 16. entdeckten wir eine größere Insel, der ich Banks' Namen gab; am 25. segelten wir bei heftigem Nordnordostwind an einem Kap vorüber, dem Kap Saunders; am 4. März erblickten wir einige Walfische; am 10. März endlich befanden wir uns an der südlichsten Spitze von Neuseeland, die ich das Südkap taufte. Von hier steuerte ich nach Westen.

Das westliche Kap lag in einer Breite von 45 Gr. 54 Min. und in einer Länge von 193 Gr. 17 Min. Wir hatten hier die Nacht über beigelegt und gingen um 4 Uhr des Morgens mit einem gelinden Südsüdostwind nach Norden hin wieder unter Segel. Man kann sich unmöglich eine rauere, schroffere und ödere Gegend vorstellen als das felsige Land, das sich während dieser ganzen Fahrt nordwärts unseren Blicken bot.

Endlich erreichten wir die Insel, die ich bei der Einfahrt in den Königin-Charlotten-Sund erblickt hatte; wir hatten also das ganze Land umschifft. Nun war der große Tag des Abschieds gekommen. Wir beschlossen über Neuholland (Australien) und Ostindien nach England zurückzukehren. In dieser Absicht gingen wir am 31. März 1770 bei Tagesanbruch unter Segel.

Abel Jansen Tasman hat Neuseeland am 13. Dezember 1643 zuerst entdeckt. Weil er aber in der Bai, der er den Namen Mörderbai gab, von den Eingeborenen angegriffen wurde, so ging er nicht an Land.

Abb. 10: Ein Häuptling der Maori auf Neuseeland.

Man weiß jetzt, dass dieses Land, das man viel-fach für den Teil eines südlichen festen Landes gehal-ten hatte, aus zwei großen Inseln besteht, die durch eine 4—5 Seemeilen breite Straße voneinander ge-trennt sind. Die nördliche dieser Inseln wird von den

Eingeborenen Eaheinomauwe, die südliche Tavai Poenammoo genannt. Die Neuseeländer sind ungewöhnlich groß, kräftig, muskulös, ungemein tätig und rührig, und nicht so fett und träge wie die üppigen Bewohner der Südsee-Inseln. Die Frauen haben fast männliche Gesichtszüge; allein um so sanfter und lieblicher ist ihre Stimme, an der man sie erkennt, denn die beiden Geschlechter tragen dieselbe Tracht. Männer und Frauen sind sanftmütig und höflich; sie verkehren miteinander auf das Zärtlichste und Liebreichste.

Gegen ihre Feinde jedoch sind sie grausam und unversöhnlich.

Das Hauptnahrungsmittel der Neuseeländer sind Seefische. Der Hunger treibt die Stämme aus dem Innern des Landes an die Küste, deren Bewohner also gezwungen sind, fortwährend um ihre älteren Besitzrechte zu kämpfen. Daher die befestigten Dörfer an der Küste, daher der Kannibalismus. Der Hunger war es, der den Sieger zwang, den Leichnam des Erschlagenen zu verspeisen; und die Rachsucht ist es, die den Satten veranlasst, Gleiches mit Gleichem zu vergelten. Auf diese Weise hat sich unter den Neuseeländern der Gebrauch eingebürgert Menschenfleisch zu essen. Der Hunger ist hier tatsächlich die Ursache aller Gräuel, die Ursache, dass ein an sich sanftmütiges Volk nicht nur dem Kannibalismus huldigt, sondern auch dem Krieg ergeben und geneigt ist, jeden Fremden für seinen Feind anzusehen. So waren die Neuseeländer auch stets bereit uns anzugreifen, doch beugten sie sich fatalistisch unserer Überlegenheit.

Als sie aber erkannten, dass wir unsere Macht nicht missbrauchten, da wurden sie unsere ergebenen Diener und Freunde.

Die Schamlosigkeit unserer Freunde auf Otahiti in ihrer ganzen naiven Verderbtheit ist den Neuseeländern fremd. Diese beobachten in ihren Gesprächen und Handlungen ebenso viel Wohlanstand, als man unter den gesitteten Völkern antreffen kann.

Die ziemlich üppigen, buhlerischen und sehr koketten Neuseeländerinnen waren weder spröde noch unerbittlich, allein sie knüpften an ihre Gunst die Bedingung der Abschließung einer sogenannten Zeitehe. Dieser Vertrag war unerlässlich. Wenn irgendeiner von unseren Leuten einem jungen Mädchen einen Antrag machte, so machte sie ihn darauf aufmerksam, dass er die Einwilligung ihrer Eltern einholen müsse und ihnen das übliche Geschenk zu bringen habe. Diese Ehe auf ein paar Stunden oder Tage wurde von den jungen Frauen für so ernst und heilig genommen wie jede wirkliche Ehe. Einer von unseren Reisenden wandte sich an einen Häuptling wegen einer seiner Töchter und erhielt folgenden Bescheid: „Ein jedes von unseren jungen Mädchen wird es sich zur Ehre anrechnen, dass Sie sich die Mühe geben, um sie anzuhalten. Sie müssen mir aber zuvor ein anständiges Geschenk machen und sodann kommen und bei uns am Land übernachten, denn das Sonnenlicht darf ja nicht Zeuge von dem sein, was zwischen Ihnen beiden vorgeht."

Die Neuseeländer baden des viel kälteren Klimas wegen nicht so häufig wie die Tahitiindianer. Das Ekelhafteste an ihnen ist jedoch das ranzige Fischöl, mit dem sie ihr Haar einfetten. Dadurch riechen sie so übel wie die Hottentotten. Auch sind ihre Köpfe, obschon sie sich Kämme zu machen verstehen, nicht rein von Ungeziefer. Die Männer tragen den Bart kurz; das Haupthaar binden sie auf dem Kopfwirbel zusammen und verzieren es mit Federn. Die Frauen tragen meist das Haar lang und lassen es frei über die Schulter hängen. Auch verunstalten sich Männer und Frauen mit Tätowierungen und einer gräulichen Schminke, dem Rötel, womit sie Gesicht und Körper reichlich bemalen.

Die Frauen sind weniger eitel auf ihre Kleider als die Männer; aber im Gegensatz zu den Frauen auf Otahiti legen sie ihre Kleider nur dann ab, wenn sie baden oder ins Wasser gehen, um Krebse zu fangen, wobei sie Sorge tragen, von keinem Mann überrascht zu werden. Einige von uns landeten eines Tages auf einer kleinen Insel in der Toloyabai und überraschten zufälligerweise verschiedene Frauen und Mädchen beim Krebsfang. Aber die keusche Diana war gewiss nicht verschämter, als sie den neugierigen Aktäon erblickte, als die braunen Nymphen bei unserer Annäherung. Ein Teil der Gesellschaft versteckte sich zwischen den Klippen, die übrigen duckten sich so lange ins Wasser, bis sie sich aus Seetang eine Art Schürze gemacht hatten. Als sie mit dieser Hülle dem Wald zu flüchteten, geschah es mit allen Zeichen holder Verwirrung und Schamhaftigkeit.

Der Kriegstanz der Neuseeländer besteht aus vielen heftigen Bewegungen und aus abscheulichen Verdrehungen des Körpers und der Glieder. Auch das Gesicht, das scheußlich verzerrt wird, spielt eine abschreckende Rolle. Die Zunge wird oft unglaublich lang herausgestreckt; die Augenlider werden so verzogen, dass das Weiße im Auge sichtbar wird. Kurzum, sie machen alles, um schrecklich, wild und furchtbar auszusehen. Dabei schwenken sie die Lanze, schütteln die Wurfspieße und hauen mit dem Pätuh-Pätuh wie besessen in der Luft herum. Der Kriegsgesang, den sie bei diesem grässlichen Tanz anstimmen, ist zwar wild, aber doch nicht unangenehm. Jeder Vers wird mit einem lauten, seufzerähnlichen Gestöhne beendet, dessen Wirkung auf die Nerven dem Zweck des Angstmachens entsprechend ist. So abscheulich aber auch bei diesem Tanz die Gliederverrenkungen und die scheußlichen Drehungen des Körpers sein mochten, so sehr begeisterte uns der Umstand, dass alles dabei klappte und dass keiner unter den Tänzern aus dem Takt fiel. Wenn sie den Kriegstanz mit dem Ruder begleiteten, d. h., wenn oft hundert Ruderer mit ihrem Ruder gegen die Bootswand schlugen, so klang es wie ein Schlag. Ich habe nie gehört, dass irgendeiner vor- oder nachschlug. Genau so abgemessen waren auch die grotoskesten Episoden des Tanzes selbst.

Die Lieder der Frauen, deren weiche, biegsame, melodische Stimmen uns auffielen, sind rührend sentimental und voll rhythmischer Schönheiten, aber unsagbar wehmütig und ergreifend innig. Wir waren in der Tat überrascht, unter den armen Wilden dieses öden Landes einen solchen Reichtum an Tönen, an Melodien zu finden, deren Gemütstiefe und Ausdrucksschönheit an die schönsten Volkslieder unserer Heimat erinnern; sie atmen Schmerz und Trauer! ...

Ich will noch erwähnen, dass die Neuseeländer die Schädel ihrer erschlagenen und aufgespeisten Gegner zu schauderhaften Schmuckgegenständen verzieren; sie setzen ihnen falsche Augen ein, präparieren den Haarboden derart, dass die Haare nicht ausfallen, und schmücken sie mit Ohrgehänge.

Es scheint, dass die Frauen auf Neuseeland weniger geachtet sind als die Frauen auf Otahiti. Wenigstens sagte es Tupia, und er äußerte sich darüber sehr missbilligend. Näheres konnten wir nicht ermitteln.

Wir sahen Männer und Frauen zusammen speisen, sahen die Frauen fischen, weben und kochen. Das war alles. Wie also Tupia zu seinem Urteil kam, wurde uns nicht recht verständlich. Auch über die Religion der Neuseeländer erfuhren wir nicht viel.

Sie glauben an einen höchsten Gott und an Untergötter; von der Entstehung der Welt und der Schöpfung des ersten Menschen haben sie dieselbe Meinung wie die Eingeborenen von Otahiti. Doch schien Tupia in seiner Religion aufgeklärter und entwickelter zu sein. Er predigte den Neuseeländern wiederholt, und es fehlte ihm nie an Zuhörern, die ihm so ehrerbietig und aufmerksam zuhörten, dass wir ihnen herzlich gern einen besseren Lehrer gewünscht hätten. Sonst erfuhren wir nichts davon, wie sie ihre Götter ehrten; auch entdeckten wir keine Morais. Ebenso wenig erfuhren wir Näheres über die Art der Bestattung ihrer Toten.

Im Norden sagte man uns, man begrabe die Toten; im Süden, man werfe sie ins Meer. So viel aber ist gewiss, dass wir nirgends ein Grab entdecken konnten, und dass die Neuseeländer alles, was ihre Toten betraf, mit dem größten Geheimnis umgaben.

Nur die Körper der Überlebenden zeugten von einem Totenkult. Denn wir entdeckten fast an allen Männern und Frauen jene tiefen Narben, die von den Wunden herrührten, die sie sich aus Trauer über den Tod ihrer Verwandten beigebracht hatten. Wir fanden diese Trauerwunden noch frisch, waren sogar Zeugen davon, wie sich eine Trauernde Arme, Beine und Busen verwundete; ein Leichenbegängnis indessen bekamen wir merkwürdigerweise nicht zu sehen.

Gewisse Ähnlichkeiten zwischen der Sprache von Neuseeland und der von Otahiti lassen darauf schließen, dass beide Völker von ein und demselben Urvolk abstammen. Beide Völker haben auch eine gemeinsame Sage, nach der ihre Ahnen vor langen Jahren aus einem Land, das beide Hiwije nennen, eingewandert sind. Auch konnte sich Tupia überall verständlich machen. Die Verwandtschaft wird noch größer, wenn wir die Ähnlichkeit der Sprache berücksichtigen; so haben die Neuseeländer und die Otahiti-Insulaner dasselbe Wort für die meisten Begriffe. Bei beiden heißt z. B. Taata: Mann; Eupo: der Kopf; Erai: die Stirn; Mata: die Augen, usw. usw. Uns schien jedoch aus verschiedenen Ursachen die Annahme, dass die gemeinsamen Stammeltern der beiden Inselvölker etwa aus Amerika gekommen wären, nicht berechtigt zu sein.

Unsere Entdeckungsfahrt hat den Beweis dafür erbracht, dass sich im Süden von Ozeanien kein festes Land befindet. Es kann keinen großen südlichen Weltteil geben. Hingegen gibt es noch eine Menge unbekannter Inseln, die bisher von keinem europäischen Schiff besucht worden sind ...

Zehntes Kapitel.

Entdeckung der australischen Ostküste. — die Macht der Feuerwaffen. In der Botanybai. — Gefährliche Havarie. — Wir retten das Schiff.

Am 28. März erblickten wir Land.[7] In der Nacht segelten wir der Küste entlang nach Norden.

Sobald der Tag anbrach, sahen wir eine Bai. Da sie gegen Wind geschützt zu sein schien, so nahm ich mir vor, mit dem Schiff einzulaufen. Wir kamen denn auch etwa zwei Seemeilen von der Einfahrt in sechs

---

7   Die Ostküste von Australien.

Klaftern Wasser vor Anker. An dieser Stelle hatten wir die südliche Landspitze der Bai im Südosten und die nördliche im Osten. Während der Einfahrt hatten wir daselbst einige Hütten und eine Anzahl Eingeborene gesehen; unter der südlichen Landspitze bemerkten wir vier kleine Kähne mit je einem Mann an Bord. Die Vier waren mit der Fischjagd beschäftigt und so eifrig bei der Arbeit, dass sie uns nicht bemerkten, obwohl wir in einer Entfernung von kaum einer englischen Viertelmeile an ihnen vorübersegelten.

Der Ankerplatz des Schiffes lag einem kleinen, ungefähr aus acht Hütten bestehenden Dorf gegenüber. Als wir das Boot freimachten, sahen wir eine alte Frau in Begleitung von drei Kindern aus dem Gehölz kommen. Sie trug eine Ladung Brennholz. Am Dorf kamen ihr noch drei Kinder entgegen.

Während sie im Freien Feuer anmachte und mit den Vorbereitungen zur Herrichtung eines Mahles beschäftigt war, blickte sie zwar oft nach dem Schiff aus, schien aber völlig unbesorgt zu sein. Unterdessen kamen auch die Fischer mit ihren Kähnen zurück, landeten, zogen ihre Kähne an Land und kochten sich ihr Essen. Von uns nahmen sie kaum Notiz. Die vier Männer gingen wie die Kinder völlig nackt; selbst die Frau trug nicht einmal ein Feigenblatt. Um die Mittagszeit ließ ich die Boote bemannen, und wir ruderten direkt nach dem Dorf hin, überzeugt, dass uns die Wilden, die unsere Anwesenheit so gleichgültig ließ, die Landung nicht streitig machen würden. In dieser Erwartung sahen wir uns getäuscht; denn kaum waren wir in der Nähe der Felsen, als zwei von den Männern, die mit langen Lanzen und Keulen bewaffnet waren, herankamen, uns in ihrer rauen, übel tönenden Sprache die Landung verboten und entschlossen Vorbereitungen zur Verteidigung ihrer Küste trafen. Ich bewunderte ihren Mut und versuchte sie durch Zeichen und kleine Geschenke freundlicher zu stimmen.

Die Wilden hoben zwar die Nägel und Glaskorallen, die ich ihnen zuwarf, mit Vergnügen auf, widersetzten sich aber ebenso energisch unserer Landung. Ich feuerte einen Schreckschuss gegen sie ab. Allein sie begannen daraufhin Steine gegen uns zu schleudern.

Wir feuerten sodann einen Schrotschuss ab, der den einen von ihnen in die Beine traf; er rannte sofort nach einer der Hütten. Wir stiegen unterdessen an Land. Kaum waren wir aus dem Boot, als der Verwundete mit seinem Schild zurückkam und mit seinem jüngeren Gefährten ein paar Lanzen gegen uns schleuderte, die zum Glück niemand verwundeten. Ich ließ einen zweiten Schrotschuss gegen die tapferen Burschen abfeuern, worauf sie dann flüchteten. Da Herr Banks von vergifteten Waffen sprach, so hielt ich es nicht für ratsam, die beiden in den Wald verfolgen zu lassen. Wir gingen aber nach den Hütten hin und fanden in einer von ihnen die Kinder hinter Schilden und Baumrinden versteckt. Wir begnügten uns jedoch damit, einige verstohlene Blicke auf sie zu werfen und die Knirpse in dem Wahn zu lassen, als hätten wir sie nicht bemerkt. Beim Weggehen legten wir Bänder, Glaskorallen, kleine Stücke Tuch und andre Geschenke hin, nahmen aber sämtliche Lanzen, etwa fünfzig an der Zahl, als Siegesbeute mit. Die Lanzen waren sechs bis fünfzehn Fuß lang und hatten gleich einer Fischgabel vier Zinken. Als wir die Kähne untersuchten, fanden wir, dass sie von allen, die wir bisher untersucht hatten, die primitivsten waren und aus Baumrinde bestanden, die in der Mitte durch hineingeklemmte Knüppel auseinandergehalten wurde, an den beiden Enden aber zusammengezogen und gebunden war. Wir suchten hieran nach frischem Wasser, fanden aber nichts. Nachdem wir die eroberten Lanzen an Bord verbracht hatten, ruderten wir zur nördlichen Landspitze der Bai hinüber, wo wir bei unserer Einfahrt eine Horde Wilder erblickt hatten, fanden sie aber verlassen. Am anderen Morgen entdeckten wir einen kleinen Bach und ergänzten hier unseren Wasservorrat.

Das Dorf war verlassen. Unsre Geschenke lagen unberührt da. Als jedoch die Holzfäller und unsere Wasserleute eine Pause machten und an Bord zurückkehrten, erschien ein Dutzend Wilder, die unsere Fässer anstaunten und dann ihre Kähne in Sicherheit brachten. Am Nachmittag erschien ein Trupp bewaffneter Eingeborener in der Nähe der Wasserstelle, war aber nicht zum Näherkommen zu bewegen. Am Abend fing ich mit den Herren Banks und Dr. Solander mit dem großen Netz in wenigen Zügen drei Zentner Fische, die unter das Schiffsvolk verteilt wurden. Am folgenden Morgen erschienen die Wilden wieder in ihrem Dorf. Wir hörten sie laut rufen und sahen sie auch am Strand. Kurz darauf zogen sie sich in ihre Wälder zurück, wo sie an verschiedenen Stellen Feuer anzündeten.

An diesem Abend verschied der Matrose Forby Sutherland. Am nächsten Morgen beerdigten wir ihn an der Wasserstelle. Zu seinem Andenken taufte ich die südliche Spitze der Bai Sutherland-Point. Kurz darauf trat ich mit den Herren Banks und Dr. Solander und sieben Leuten der Besatzung einer Forschungsreise an. Wir fanden viele Hütten und Lagerplätze der Wilden, begegneten aber niemand. Die Kühnheit, womit uns die Wilden bei unserer Landung begegneten, und die namenlose Furcht, mit der sie jetzt bei unserem Herannahen zu flüchten und sich zu verkriechen pflegten, standen in gewaltigem Gegensatz. Wir erklärten diese Wandlung mit der Wirkung unserer Schusswaffen, die sie von ihren Verstecken aus aufmerksam beobachteten.

Die große Menge verschiedenartiger Pflanzen, die die Herren Banks und Dr. Solander hier sammelten, gab mir Veranlassung, die Bai die Botanybai zu nennen; sie liegt in der südlichen Breite von 34 Grad und in der westlichen Länge von 208 Grad 37 Minuten. Sie ist geräumig, sicher und bequem. Die Anwohner der Bai, die uns zu Gesicht kamen, gingen splitternackt; sie schienen nicht zahlreich zu sein und lebten in vereinzelten Familien. Ihre Hauptnahrungsmittel waren Muscheln, Krebse und Fische. Von ihrer Lebensweise konnten wir nichts erfahren, da sie sich uns fernhielten.

Am 6. Mai 1770 segelten wir aus der Botanybai hinaus und steuerten bei leichtem Nordwestwind, der sich bald nach Süden drehte, nach Nordnordost längs der Küste hin. Am Mittag befanden wir uns einem Hafen gegenüber, den ich Port Jackson taufte.

Je weiter wir uns von der Botanybai entfernten, desto gebirgiger wurde das Land; die Aussicht zeigte abwechselnd Berg und Tal, Hügel und Ebenen, die ziemlich waldreich waren. Wir hatten bereits 1500 englische Seemeilen ohne Unfall an einer gefährlichen, klippenreichen Gegend zurückgelegt. An einem Kap, das in der südlichen Breite von 16 Grad 6 Minuten und in der westlichen Länge von 214 Grad 39 Minuten liegt, sollte uns das Verhängnis erreichen. Es war am späten Abend, als wir fast plötzlich in 12, 10 und 8 Klafter Wasser gerieten. Um 10 Uhr fanden wir 20 Klafter; alle Gefahr schien beseitigt und wir begaben uns zur Ruhe. Um 11 Uhr nahm die Tiefe plötzlich wieder bis auf 7 Klafter ab; das Schiff saß kurz danach fest und senkte und hob sich knirschend mit den Wellen. Dadurch aber schlug es nur um so heftiger auf die schroffen Spitzen der Klippe, worauf es gestrandet war. In ein paar Sekunden befand sich Alles auf Deck, und jeder las aus den Mienen der Anderen die Größe der Gefahr ab, in der wir schwebten. Jeder wusste, dass wir fern von der Küste auf eine Korallenklippe aufgelaufen waren und nur durch ein Wunder gerettet werden konnten. Ich ließ sogleich die Segel reffen, die Boote aussetzen und das Wasser sondieren. Unsere Lage war verzweifelt genug: Die Wellen hatten das Schiff über den Rand der Klippe gehoben und in eine Vertiefung eingeklemmt.

Wir warfen die Anker am Hinterteil aus, wo tiefes Wasser war, und versuchten das Schiff mit der Schiffshaspel loszuwinden, aber es war nicht von der Stelle zu bringen. Dabei schlug es unaufhörlich auf, und beim Mondschein sahen wir Bretter von der Schiffswand und zuletzt auch den Afterkiel abschwimmen.

Ein jämmerlicher Anblick, der uns so erschütterte, dass wir die See bereits als unser Grab betrachteten.

Indes war es nicht an der Zeit solchen Gedanken nachzuhängen. Wir ließen das Wasser aus den Fässern laufen und heraufpumpen. Sechs Kanonen, die auf dem Verdeck standen, unseren Ballast an Eisen und Steinen, Fässern, Krügen usw. warfen wir über Bord.

Jedermann arbeitete unermüdlich und mit aller Energie, und keinem, selbst dem Rohesten nicht, entfuhr dabei ein Fluch. Mit einem Dankgebet begrüßten wir den jungen Tag. Wir sahen jetzt, dass wir etwa 8 Seemeilen vom Land entfernt waren. Zum Glück trat nun eine Windstille ein; bei starkem Wind wäre das Schiff in Stücke zerschellt. Als die Flut wieder eintrat, führten wir die Anker wieder aus, um den Versuch zu erneuern, das Schiff, falls es durch die Flut flott würde, über die Klippe zu heben. Allein zu unserem Entsetzen war die Flut am Tag niedriger als in der Nacht; wir mussten also die Mitternachtsflut abwarten und den Tag über mit zwei Pumpen das eingedrungene Wasser aus dem Schiff pumpen.

Um 5 Uhr des Abends bemerkten wir, dass die Flut sich einstellte, wir machten aber auch gleichzeitig die fürchterliche Entdeckung, dass das Leck sich immer mehr vergrößerte. Wir mussten unsere letzte Pumpe in Aktion treten lassen. Um 9 Uhr richtete sich das Schiff wieder auf. Das Leck hatte sich aber so vergrößert, dass wir befürchten mussten, nach dem Flottbringen des Schiffes dem sofortigen Untergang geweiht zu sein.

Wir wussten wohl, dass weder die Anzahl noch die Größe unserer Boote ausreichte, uns alle an Land zu führen. Wir wussten, dass, wenn jener fürchterliche Augenblick da war, ein entsetzlicher Kampf um die Boote entstehen würde. Wir wussten aber auch, dass das Los der Unglücklichen, die mit dem Schiff ihren Untergang finden mussten, im Vergleich mit dem Schicksal, das die Schiffbrüchigen in diesem wilden Land erwartete, beneidenswert war. Wer das vor Augen hatte, der kann von sich sagen, dass er den Tod in seiner fürchterlichsten Gestalt kennengelernt hat. Als der Augenblick sich näherte, der über unser Schicksal entscheiden sollte, konnte jeder das, was er selber fühlte, auf dem Gesicht seiner Leidensgefährten ausgedrückt finden.

Inzwischen wurden so viele Leute, als beim Pumpen entbehrlich waren, an die Winde und den Haspel gestellt. Ungefähr 20 Minuten nach 10 Uhr wurde das Schiff flott. In demselben Augenblick wurden Winde und Haspel mit der äußersten Kraft angezogen. Dadurch wurde das Schiff von der Klippe glücklich in tiefes Wasser hinabgehoben. Zu unserer Freude fanden wir, dass das Schiff hier nicht mehr Wasser einließ als auf der Klippe. Und mit neuem Mut kämpfte die Mannschaft an den Pumpen die ganze Nacht hindurch mit dem eindringenden Wasser.

Nach vierundzwanzigstündigem Ringen aber ermatteten auch die Tapfersten unter uns, und selbst die Mutigsten verzweifelten an der Rettung.

Die Leute waren so übermüdet, dass sie es kaum länger als fünf Minuten an den Pumpen aushalten konnten; sie fielen auf dem nassen Verdeck sofort in tiefen Schlaf, aus dem man sie zur Ablösung rütteln musste. Als sich am Morgen herausstellte, dass das Wasser im Schiffsraum nachgelassen hatte, schöpfte jeder wieder neuen Mut und arbeitete mit frischen Kräften. Um 8 Uhr des Morgens lichteten wir die Anker, wobei wir den kleinen Buganker und das Kabeltau des Stromankers einbüßten. Doch waren das in unserer jetzigen verzweifelten Lage Kleinigkeiten, um die sich niemand bekümmerte.

Um 11 Uhr bekamen wir Wind von der See her, gingen glücklich wieder unter Segel und steuerten dem Land zu.

Durch beständiges, eifriges Pumpen hielten wir das Schiff zwar über Wasser, aber auf die Dauer war diese schwere Arbeit unmöglich. Einer meiner Unteroffiziere schlug mir vor, das Schiff zu „füttern", ein Mittel, durch das es einem Kauffahrteischiff möglich war, von Virginien nach London zu fahren. Gleichzeitig erbot er sich, das Schiff auf diese Weise zu füttern. Ich gab ihm dazu die nötigen Mittel und Gehilfen, und er ging nun in der Weise vor, dass er einen Brei aus Wolle und den Fasern von aufgedrehten Seilen mischte, diesen Brei an einem leeren Segel befestigte, alles mit Schafsmist und Dünger bedeckte und dann das Segel unter dem Schiffsboden bis zum Leck hinzog, den es so bedeckte und füllte, dass eine Pumpe genügte, um das Wasser zu bewältigen. Wir fassten jetzt neuen Mut.

Als wir in der Nacht vor Anker gingen, fanden wir, dass das Schiff in einer Stunde ungefähr 15 Zoll Wasser einließ. Das bedeutete keine unmittelbare Gefahr. Um 6 Uhr morgens hoben wir den Anker und steuerten langsam auf das Land zu. Die Pinasse brachte am Abend die Nachricht, dass ungefähr zwei Seemeilen weit unter dem Wind hin ein Hafen liege, der so beschaffen sei, dass dort das Schiff zur Reparatur an Land oder auf die Seite gelegt werden könne.

Auf diese Nachricht hin hob ich morgens in der Frühe den Anker. Zwei Boote mussten vorausrudern und hatten Befehl, sich zur Sicherheit des Schiffes auf die Untiefen zu legen, die wir auf unserem Weg sahen.

Als dies geschehen war, segelten wir dem Hafen zu, wobei wir trotz unserer Vorsicht in Untiefen gerieten.

Um diese Zeit fing der Wind an, immer stärker zu wehen. Es war ein Glück für uns, dass der Hafen so nahe war, denn das Schiff parierte dem Steuer nicht mehr. Auch hatten wir die Gefahr noch nicht ganz überwunden, denn wir waren von Untiefen umgeben. Ich ließ daher Anker auswerfen und steckte im Kanal

Ankerwächter aus, um mich beim Einlaufen danach richten zu können. Ich fand die Einfahrt sehr schmal und auch den Hafen bedeutend enger als ich geglaubt hatte, sonst aber wie geschaffen für unsere Zwecke. Den ganzen Tag und die Nacht über stürmte es so heftig, dass wir nicht wagen durften, in den Hafen einzulaufen; bei all unserer Freude über unsere Errettung durften wir doch nicht vergessen, dass eine Handvoll Wolle die Scheidewand zwischen uns und dem Tod bildete. Der Sturmwind hielt am 15. den ganzen Tag über an, auch am 16. setzte er wieder ein, als wir im Begriff waren den Anker zu lichten.

Wir hatten am Abend nicht weit vom Strand ein Feuer erblickt; ein Zeichen, dass die Gegend bewohnt war. Wir hofften daher, mit den Eingeborenen in Verbindung zu treten. Auch heute erblickten wir mehrere Feuer und sahen durch unsere Ferngläser vier Eingeborene, die diese Feuer anzündeten. Der Zweck der Feuer war uns natürlich ein Rätsel. Der Skorbut begann sich unter uns auszubreiten. Tupia klagte über Schmerzen im Gaumen und bekam gelbblaue Flecken an den Beinen. Auch Herr Green war sehr krank.

Am 17. lichteten wir die Anker und eilten dem Hafen zu. Das Schiff geriet dabei zweimal auf Grund. Das erste Mal wurde es ohne Mühe wieder flott, das zweite Mal nur mithilfe der Flut, woran wir es an Seilen in den Hafen zogen und an der Südseite an einer Stelle, wo der Strand sehr steil war, festlegten.

Am Morgen des 18. wurde eine Brücke vom Schiff bis zum Strand gebaut und wurden am Strand zwei Zelte aufgeschlagen. Das eine war für die Kranken, das andre war für die Schiffsvorräte bestimmt, die sofort ausgeladen wurden. Kaum war das Krankenzelt aufgeschlagen, so schickte ich unsere Kranken,

Abb. 11: Überholung der Endeavour.

acht an der Zahl, an Land. Auch fertigte ich ein Boot zum Fischfang ab; leider kam es leer zurück. Tupia angelte seine Fische selbst und lebte davon. Der Erfolg blieb nicht aus, denn er genas sehr schnell, während Herr Green andauernd gefährlich krank blieb.

Die bergige Gegend war trostlos unfruchtbar und öde, die Ebene sumpfig und mit Mangrovebäumen bedeckt.

Am folgenden Morgen ließ ich die vier Kanonen, die uns übrig geblieben waren, aus dem Schiffsraum herausbringen und auf den Überlauf Pflanzen. Hierauf transportierten wir allen Ballast und die Schiffsschmiede an Land; am Nachmittag wurden die Vorräte der Offiziere und die unterste Reihe der Wasserfässer ausgeschifft, sodass im untersten Schiffsboden nichts als die Kohlen zurückblieben.

Herr Banks war inzwischen über das Revier hinaus auf die andre Seite des Hafens hinübergegangen; er traf hier große Flüge Tauben an, von denen er etliche schoss, die ungemein schön waren.

Am 20. wurden der Pulvervorrat und der Steinballast an Land geschafft. Dadurch wurde das Schiff so erleichtert, dass es vorne nur noch 8 Fuß 10 Zoll und hinten 15 Fuß tief im Wasser lag. Ich ließ dann die Kohlen vom Vorderteil des Schiffes, um diesen zu heben, nach dem Hinterteil verbringen. Dabei zeigte sich, dass das Leck unter dem Kohlenraum war; wir konnten hören, dass das Wasser ein wenig hinter dem Fockmast, ungefähr drei Fuß vom Kiel entfernt, hereinschoss.

Ich musste mich also dazu bequemen, den ganzen Schiffsraum leeren zu lassen. Am 21. nachmittags um 4 Uhr war diese Arbeit geschehen, worauf wir das Schiff an Seilen an eine Stelle hinzogen, wo es meines Erachtens am bequemsten an Land gelegt und das Leck verstopft werden konnte. Vorne lag es nunmehr 7 Fuß 9 Zoll, hinten 15 Fuß 6 Zoll tief im Wasser. Um 8 Uhr während der Flut ließ ich das Vorderteil herumwenden und fest aufs Ufer ziehen.

An verschiedenen Stellen des Schiffsbodens entdeckten wir glatte Löcher; das Hauptleck aber war merkwürdigerweise durch den Felsen, der es verursacht hatte, wieder verstopft worden, indem das betreffende Stück vom Felsen abgebrochen und zum Glück für uns in dem Loch stecken geblieben war.

Wir fanden bei dieser Untersuchung aber auch, dass die Fütterung diejenigen Ritzen des Lecks, die das Felsenstück offengelassen hatte, größtenteils verstopft hatte. Wir waren also wie durch ein Wunder gerettet worden, denn das Leck war so groß, dass uns ohne diese glücklichen Umstände alle Schiffspumpen der Welt nicht vor dem Untergang gerettet hätten. Bei der ferneren Besichtigung entdeckten wir noch, dass das Schiff auch sonst an seinem Boden beträchtlich Schaden genommen hatte; vom Afterkiel fehlte ein Teil, auch waren Vordersteven und Hauptkiel stark beschädigt. Das Hinterteil des Schiffes schien nicht viel gelitten zu haben.

Um 9 Uhr gingen die Zimmerleute und Schmiede an ihre Arbeit, während die Seesoldaten zur Taubenjagd abkommandiert wurden. Bei dieser Gelegenheit entdeckten sie das Känguru und, was für uns momentan wichtiger war, einen Quellbach mit frischem Wasser. Mit dem großen Netz fingen wir, obschon die See im Hafen von Fischen wimmelte, nur drei Fische. Der Zimmermann war mit den Ausbesserungen an der Steuerbordseite fertig; wir neigten also das Schiff auf die andre Seite und zogen es aus Furcht, es möchte auf dem Grund sitzen bleiben, 2 Fuß tiefer ins Wasser. Am Abend erzählte ein Matrose, er hätte den Teufel gesehen, und er beschrieb uns eine — Riesenfledermaus.

Am 24. besserten die Schiffszimmerleute die Haut (d. i. die äußeren Bretter) unter dem Backbordbug aus, und da fand sich denn, dass auch zwei von den inneren Planken durchgerieben waren. An diesem Tag sah ich zum ersten Mal ein Känguru. Ich ließ während der Ebbe das Hinterteil des Schiffes untersuchen.

Dabei stellte es sich heraus, dass die Haut durchgescheuert und der innere Boden gefährdet war. Dem konnte aber nur durch eine gründliche Ausbesserung im Dock, wozu wir leider nicht in der Lage waren, abgeholfen werden; ich veranlasste daher die möglichen Notausbesserungen. Der 25. wurde zum Wassereinnehmen, zur Besichtigung der Taue usw. bestimmt.

Auch wurden die Schiffszimmerleute an diesem Tag mit ihren Arbeiten fertig.

Die Herren Banks und Dr. Solander benützten diesen Tag zu botanischen Exkursionen im Wald; sie entdeckten dort Kohlbäume, Kokos und einen Wildrenettenapfel, der nach Lagerung von einigen Tagen essbar wurde und wie eine mittelmäßig gute Pflaume mundete. Am folgenden Morgen fingen wir an, das Hinterteil des Schiffes zu entlasten. Der Schmied fuhr unverdrossen in seiner Arbeit fort, während der Zimmermann das Schiff kalfaterte. Am Vormittag ruderte ich in der Pinasse den Hafen hinaus, um zu fischen; ich fing aber nur 20—30 Fische, die ich an die Kranken und Rekonvaleszenten austeilte. Die nächsten Tage war der Fischfang so ergiebig, dass auf jeden Mann etwa 5 Pfund Fische kamen. Die eingesammelten Gemüse ließ ich mit Erbsen kochen; dieses Gericht in Verbindung mit delikat zubereiteten Fischen war uns allen ein kulinarischer Genuss ersten Ranges.

Am 1. Juni gab ich dem ganzen Schiffsvolk Landurlaub. Die Ausflügler sahen wohl viele Tiere, konnten aber keines erlegen. Da ich bei einem Ausflug auf den an der südlichen Landspitze gelegenen Berg die Küste mit Bänken und Untiefen wie besät fand, so erteilte ich dem Steuermann den Auftrag, die Untiefen zu untersuchen und zu sondieren, ob es gegen Norden nicht einen Kanal gebe, in dem wir sicher auslaufen könnten. Auch an diesem Tag bekamen wir das Schiff trotz angestrengtester Versuche nicht flott.

Der Steuermann dagegen brachte gute Nachricht zurück; er hatte tatsächlich einen Kanal zwischen den Untiefen entdeckt, der nach der hohen See führte. Die Bänke bestanden aus Korallenfelsen; viele davon waren, wie er mir erzählte, während der Ebbe außer Wasser. Er selbst war auf eine solche Klippe gestiegen und hatte dort eine Anzahl großer Muschel- und Schalentiere gesammelt, die so groß waren, dass von einem solchen Tier zwei Mann mehr als satt wurden.

Er erzählte, dass er in einer Bai im Norden, drei Seemeilen von uns entfernt, einige Eingeborene bei der Abendmahlzeit überrascht hätte, die bei seinem Erscheinen sofort geflohen wären.

Am nächsten Tag endlich gelang es uns, das Schiff flottzubekommen. Da jedoch gleichzeitig eine Planke zwischen den Verdecken losriss und dieser Schaden sofort ausgebessert werden musste, so mussten wir das Schiff wieder an Land legen. Am nächsten Morgen ließ ich den Ballast im Schiff wieder segelgerecht verteilen, und am Nachmittag ließ ich das Schiff selbst mithilfe der Flut auf eine Sandbank legen und während der Ebbe ausbessern, worauf es zur Flutzeit wieder flottgemacht wurde. Wir machten es dann segelfertig. In dieser Zeit fand Herr Banks am Strand eine Menge angeschwemmter Früchte. Am 6. unternahm er mit Herrn Gore und drei Matrosen einen größeren Ausflug, von dem er erst am 8. nachmittags zurückkehrte. Während der Nacht waren die Ausflügler derart von Moskitos geplagt worden, dass sie nicht schlafen konnten. Kurz nach Anbruch des Tages erblickten sie einige Kängurus. Zu Mittag kehrten sie nach dem Boote zurück und ruderten darin weiter in das Revier hinauf. Als sie am Abend nach einem Lagerplatz Umschau hielten, sahen sie in der Nähe Rauch aufsteigen. Sie eilten sofort darauf zu, fanden aber niemand mehr an dem Feuer. Ärgerlich darüber, dass die Wilden, mit denen sie gerne zusammengetroffen wären, entflohen waren, kehrten sie zu der Sandbank zurück, auf der sie sich sorglos niederlegten, ohne im geringsten an die Möglichkeit zu denken, dass die Wilden sie beschleichen und im Schlafe ermorden könnten. Im Gegenteil, sie schliefen, todmüde, wie sie waren, fest bis tief in den Morgen und kehrten dann, weil das Land dem Ansehen nach nicht viel versprach, nach dem Schiff zurück. Kurz nach ihnen traf auch der Steuermann ein und brachte drei große Schildkröten mit, die zusammen fast acht Zentner wogen.

Elftes Kapitel.

Verkehr mit den Australiern. — Ihre Lebensweise. — Ein Streit und seine Folgen. — Ausfahrt. — Die Besitzergreifung von dem neuentdeckten Land. - Die Eingeborenen und ihre Lebensgewohnheiten.

Am Nachmittag des folgenden Tages ließen sich sieben Wilde an der Südseite unseres Reviers blicken; bei meiner Annäherung entflohen sie. Am nächsten Morgen tauchten vier Wilde in einem Kahn bei der nördlichen Landspitze aus, um dort mit der Fischgabel zu fischen. Gewitzt, wie ich durch meine Erfahrung mit diesen scheuen Gesellen geworden war, ließ ich sie gewähren und nahm von ihrer Anwesenheit scheinbar keine Notiz.

Meine Kriegslist hatte den gewünschten Erfolg, denn es dauerte nicht lange, so kamen zwei von ihnen in ihrem Kahn auf Schussnähe an uns heran und riefen uns in ihrer Sprache laut einige Worte zu, die wir natürlich nicht verstanden. Ich machte ihnen beruhigende Zeichen und lud sie zu uns an Bord. Sie kamen auch wirklich näher und deuteten uns an, dass sie Waffen hätten, sich zu rächen, wenn wir ihnen ein Leid antun würden. Als sie dicht am Schiff waren, warfen wir ihnen Nägel, Glaskorallen, kleine Stückchen Tuch zu, woraus sie sich anscheinend wenig machten. Als ihnen jedoch einer unserer Leute einen Fisch zuwarf, äußerten sie ihre Freude und gaben uns gleichzeitig zu verstehen, dass sie auch ihre Kameraden herbeiholen würden. Mittlerweile war Tupia mit einigen Matrosen an Land gegangen. Die Wilden kamen jetzt ganz dicht an uns heran. Wir teilten an die Neuangekommenen einige Geschenke aus. Die Gesellschaft ruderte dann an Land, wo sie Tupia so weit brachte, dass sie ihre Lanzen niederlegten und sich ihm ohne diese näherten. Er lud sie durch Zeichen ein, neben ihm Platz zu nehmen, was sie auch taten. Ich ging mit einigen Begleitern ebenfalls an Land und beschenkte die Wilden wiederum, um ihnen jedes Misstrauen zu nehmen. Hierauf unterhielten wir uns mit ihnen bis zur Essenszeit durch Zeichen; wir luden sie dann ein, an Bord mit uns zu speisen, was sie ablehnten. Kaum waren wir im Boot, so stiegen sie in ihren Kahn und ruderten davon. Der eine der Wilden war ein älterer Mann, die drei anderen hingegen waren junge Leute; alle waren von Durchschnittsgröße, fielen mir aber durch ihren zarten Gliederbau aus. Die Farbe ihrer Haut war schwarzbraun, das Haar pechschwarz, kurz geschnitten und straff. Der Leib war an verschiedenen Stellen mit einer roten Farbe angestrichen; einer von ihnen hatte sich die Oberlippe und die Brust mit weißen Streifen bemalt, die er „Carbanda" nannte. Die Gesichtsbildung der Wilden war sehr angenehm, ihre Augen waren lebhaft, ihre Zähne weiß und ihre Stimme wohlklingend und biegsam, sodass sie mühelos allerlei Worte nachsprechen konnten.

Am folgenden Morgen erschienen drei von ihnen wieder bei uns; sie hatten einen Vierten mitgebracht, den sie uns als Herrn Näpärico förmlich vorstellten.

Dieser Herr zeichnete sich durch einen sehr in die Augen fallenden Schmuck aus; er hatte sich nämlich den Nasenknorpel durchbohrt und trug in dem Loch einen fingerdicken Vogelknochen als Zierrat Wir überzeugten uns, dass auch die Nasen seiner Genossen durchbohrt waren. Auch die Ohrläppchen unserer Gäste waren durchlöchert; am Arme trugen sie als Schmuck ein Armband aus geflochtenen Haaren, und obwohl sie sonst völlig nackt gingen, waren sie auf ihr Armband besonders eitel. Ich schenkte einem von ihnen ein Stück von einem alten Hemd; er band es sich als Turban um den Kopf. Unsre Gäste hatten uns einen Fisch zum Gegengeschenk gebracht und schienen sich häuslich bei uns niederlassen zu wollen. Als aber einer der Forschungsreisenden ihren Kahn genauer untersuchen wollte, erschraken sie dermaßen, dass sie augenblicklich in den Kahn hinabsprangen und eilig als ginge es auf Leben und Tod davonruderten.

Am folgenden Morgen um 2 Uhr brachte Herr Gore in der Jolle drei gewaltige Schildkröten und eine große Sole mit. Nach dem Frühstück ruderte er wieder hinaus, um die Jagd auf Schildkröten fortzusetzen.

Drei Wilde wagten sich jetzt an Tupias Zelt heran; einer von ihnen ruderte davon, um noch zwei andre zu holen, die er uns dann unter Nennung ihres Namens vorstellte. Die Gesellschaft blieb den ganzen Vormittag über bei uns; wir überzeugten uns bei dieser Gelegenheit, dass die natürliche Hautfarbe der Herrschaften durch eine Schicht von Ruß und Schmutz bedeckt war. Auf der gegenüberliegenden Landspitze ließ sich eine nackte Frau mit einem Knaben blicken; wir bemerkten durch unsere Ferngläser, dass ihre Arme und Beine ungemein zart und zierlich geformt waren. Als sie ihre Neugierde befriedigt hatte, eilte sie schnellfüßig davon. Einer von den Fremden trug ein Muschelhalsband, ein Armband aus Schnüren und vor der Stirn als Schmuck ein Stück Baumrinde. Die Sprache dieser Wilden klingt rauer als die der Südseeinsulaner; sie wiederholten sehr oft das Wort „Tscherkau", auch pflegten sie, wenn ihnen etwas Neues in die Augen fiel, auszurufen: „Tscher tut, tut, tut!", wohl beides Ausdrücke der Überraschung und Verwunderung. Der Kahn war nicht über 10 Fuß lang, aber mit einem Ausleger versehen und ähnelte dadurch den Südseekähnen, war jedoch viel primitiver gebaut. Ihre Lanzen glichen den Lanzen, die wir an der Botanybai erobert hatten, doch hatten sie nur eine einzige, mit Widerhaken versehene Spitze. In der Tat, eine fürchterliche Waffe!

Herr Gore erlegte am folgenden Tag ein „Känguru", wie es die Eingeborenen nannten. Wir fanden das Fleisch dieses merkwürdigen Wildes ungemein zart und wohlschmeckend. Damals lebten wir ziemlich lukullisch: Tag für Tag Schildkrötensuppe, Schildkrötenfleisch, ausgezeichnet mundende Fische, Kängurufleisch in Hülle und Fülle. Meist fingen wir die köstliche grüne Schildkröte in Exemplaren von 2—3 Zentnern Lebendgewicht; sie waren ungleich besser von Geschmack als die, die wir in England zu essen bekommen hatten. Vermutlich rührt dies daher, dass wir sie hier frisch erhielten.

Am 17. schickte ich den Steuermann wieder aus, um eine bequemere als die bisher entdeckte Durchfahrt zu suchen. Ich selbst begab mich mit den Herren Banks und Dr. Solander in den Wald. Tupia war daselbst drei Indianern begegnet, die ihm dort einige wohlschmeckende Wurzeln gezeigt hatten. Wir erhofften ein ähnliches Abenteuer, das uns mit den Eingeborenen in nähere Beziehung bringen würde, dergestalt, dass sie uns mit ihrem Hauswesen und ihren Frauen bekannt machen würden. Es dauerte auch wirklich nicht lange, so bemerkten wir vier Wilde in einem Kahn.

Als sie uns erblickten, kamen sie an Land und ohne Furcht auch so dicht an uns heran, dass wir mit ihnen verhandeln konnten. Nachdem sie eine Weile bei uns geblieben waren, entfernten sie sich. Wir folgten ihnen in der Erwartung-, dass sie uns in ihr Dorf führen und mit ihren Frauen bekannt machen würden, allein sie gaben uns durch Zeichen zu verstehen, dass ihnen unsere Begleitung wenig zusage.

Am nächsten Tag kamen wieder einige der uns bereits bekannten Wilden zu uns. Wir baten einen von ihnen, er möge uns zeigen, auf welche Art sie ihre Lanzen zu schleudern pflegten; er war auch gleich dazu bereit und schleuderte seine etwa acht Fuß lange Lanze, die mit bewundernswerter Kraft und Schnelligkeit vier Fuß hoch über dem Boden hinsauste und in einen fünfzig Schritte von uns entfernten Baum fuhr.

Hierauf lud ich die Gesellschaft an Bord, wo ich sie unter der Obhut meiner Leute ließ, weil ich von innerer Unruhe getrieben mich durch einen Blick auf die See davon überzeugen wollte, ob wir wirklich in einem Klippenlabyrinth gefangen säßen. Ich bestieg daher mit Herrn Banks einen hohen Berg, von wo wir uns davon überzeugen konnten, dass unsere Lage weit gefährlicher war, als wir bisher geglaubt hatten. Denn wohin der Blick auch fiel, überall zeigten sich drohende Klippen und Bänke. Wir überzeugten uns durch den Augenschein davon, dass es keine andre Ausfahrt nach der hohen See als die gab, die durch die krummen Kanäle zwischen den Klippen hindurchführte. In diese Kanäle konnte man sich aber ohne die größte Gefahr nicht wagen.

Wir kehrten in trüber Stimmung nach dem Schiff zurück. Hier fanden wir noch einen Teil der Eingeborenen vor, die höchst begehrliche Blicke nach unseren Schildkröten warfen. Tags darauf kamen zehn Wilde von jener Seite des Reviers her, wo diesmal sieben Weiber-, alte und junge, in ihrer paradiesischen Nacktheit so lange verweilten, als ihre Männer bei uns an Bord blieben. Unsre Gäste hatten eine größere Anzahl Lanzen als gewöhnlich mitgebracht; sie lehnten die Lanzen an einen Baum und stellten eine Wache dabei auf, ehe sie an Bord kamen. Hier zeigte es sich bald, dass sie es auf unsere Schildkröten abgesehen hatten, die sie genau so wie wir zu würdigen wussten. Anfänglich baten sie uns durch Zeichen, ihnen eine zu geben. Als man sich weigerte, gerieten sie in Wut.

Einer von ihnen wandte sich an Herrn Banks; als aber auch dieser abwinkte, wurde der Wilde so zornig, dass er mit dem Fuß aufstampfend ihm einen kräftigen Stoß versetzte. So versuchten sie vergebens der Reihe nach bei jedem ihr Glück, der nach ihrer Meinung auf dem Schiff von Bedeutung war. Als sie endlich einsahen, dass ihre Bitten vergeblich waren, versuchten sie mit Gewalt zwei Schildkröten über Bord in ihren Kahn zu werfen, was ihnen jedoch gleichfalls verwehrt wurde. Daraufhin verließen sie wütend das Schiff und ruderten dem Strand zu, wohin ich ihnen mit Herrn Banks und sechs Matrosen zum Schutz unserer daselbst arbeitenden Leute folgte.

Kaum waren die Wilden am Strand, als sie ihre Waffen ergriffen, einen Feuerbrand unter einem Pechkessel herausrissen und damit während ihrer

144

Flucht das trockene Gras in Brand setzten. Ehe wir uns ihres Treibens und der uns drohenden Gefahr bewusst wurden, stand das dürre, fünf bis sechs Fuß hohe Gras in Flammen, die mit ungeheurer Schnelligkeit um sich griffen und Banks' Zelt sowie die Schmiede bedrohten. Es gelang uns noch, das Zelt zu retten; die Schmiede jedoch wurde ein Raub der Flammen. Auch versuchten die Wilden, unsere zum Trocknen aufgespannte Wäsche und das große Netz zu verbrennen, indem sie auch hier das Gras in Flammen setzten. Wir konnten jedoch die Gefahr abwehren und sandten den Brandstiftern einen Schrotschuss nach, der einen von ihnen verwundete. Unterdessen griff das Feuer den Wald an, in den sich die Wilden geflüchtet hatten. Ich feuerte ihnen eine Kugel nach, worauf sie sich zurückzogen.

Kurze Zeit darauf vernahmen wir wieder Stimmen im Wald. Ich ging daher mit Banks und einigen Seesoldaten dem Schall nach. Als wir die Wilden erblickten, hielten wir; sie sandten uns einen Greis entgegen, der uns durch eine Rede beschwichtigen wollte. Wir verstanden leider nicht, was er sagte.

Nach dem Speech ging er zu seinen Leuten, mit denen er sich dann zurückzog. Wir folgten ihnen jedoch und bemächtigten uns bei dieser Gelegenheit einiger Wurfspieße. Auf diese Weise verfolgten wir sie eine Meile, woran wir uns auf einem Felsen niederließen, von dem wir ihre Bewegungen aufs Genaueste beobachten konnten; die Wilden lagerten sich 300 Fuß von uns entfernt. Nach einer Weile kam der Greis mit einer Lanze ohne Spitze wieder auf uns zu. Wir gaben ihm Zeichen, dass wir ihnen nicht zürnten, worauf er sich an seine Stammesgenossen wandte und sie veranlasste, sich uns ohne Waffen zu nähern. Zum Zeichen der Versöhnung händigten wir ihnen ihre Lanzen wieder aus, worauf sie uns die Leute mit Namen vorstellten, die wir noch nicht kannten. Wir teilten einige Kleinigkeiten, die wir bei uns hatten, als Geschenke unter sie aus, worauf sie uns versöhnt zum Schiff folgten. Unterwegs gaben sie uns durch Zeichen zu verstehen, dass sie das Gras nicht mehr anzünden wollten. Als sie sich dem Schiff gegenüber befanden, setzten sie sich nieder und waren unter keinen Umständen zu bewegen, mit an Bord zu kommen. Wir schieden daher von ihnen. Nach Verlauf von zwei Stunden gingen sie zurück. Nicht lange nachher sahen wir den Wald in einer Entfernung von einigen Meilen in Flammen aufgehen. Wir ließen uns den Vorfall, der leicht zu einer Katastrophe für uns hätte werden können —- denn nur wenige Stunden zuvor hatten wir unser Schießpulver an Bord zurückgebracht — zur Warnung dienen und nahmen uns vor, unsere Zelte künftig nur in feuersicherer Gegend aufzuschlagen. Am folgenden Tag ruderte ich zur Ebbe aus, um die Untiefen zu sondieren und Ankerwächter auszustecken. An diesem wie an den folgenden Tagen ließen sich keine Eingeborenen blicken, aber die Gipfel aller Berge rings um den Hafen standen die Nacht in Flammen und gewährten ein Schauspiel voll schauriger Erhabenheit und Schönheit.

Da das stürmische Wetter, das uns bisher an der Abfahrt verhindert hatte, immer noch anhielt, so machten die Herren Banks und Dr. Solander täglich kleinere oder größere botanische Entdeckungsreisen.

Bei dieser Gelegenheit fingen sie ein weibliches Opossum nebst zwei Jungen. Durch diese Entdeckung widerlegten sie die Meinung des Herrn von Buffon, der Amerika für die Heimat dieser Tiergattung erklärte.

Unsre wilden Freunde ließen sich nicht mehr blicken.

Nach ihren Feuern zu urteilen hielten sie sich wenigstens sechs Meilen weiter innen im Land verborgen; wahrscheinlich fanden sie den Streich, den sie uns gespielt hatten, für so unverzeihlich, dass sie dem Landfrieden nicht mehr trauten.

Am 1. August fand der Zimmermann, dass die Pumpen angefault waren; wir mussten uns daher in der Hauptsache auf die Dichtigkeit des Schiffes verlassen, das in der Tat so gut ausgebessert war, dass es in der Stunde nicht über einen Zoll Wasser einließ.

Am 4. August gelang es uns das Schiff herauszuziehen; um 7 Uhr gingen wir unter Segel. Um 12 Uhr ließ ich eines drohenden Unwetters wegen die Anker wieder fallen; wir befanden uns fünf Seemeilen vom Hafen entfernt; wir blieben im Sturm so bis zum 10. August liegen. Um 7 Uhr konnten wir die Anker lichten. Ich hatte mich entschlossen, längs der Küste zu segeln und einen Durchgang nach Norden zu suchen. Nach vielen Mühen und unter den größten Gefahren gelang uns die Durchfahrt durch den engen, krummen Kanal, an dessen Ende wir in $7\ ^1/_2$ Klaftern auf einem sicheren Grund vor Anker gingen. Hier breitete sich der Kanal ziemlich aus; die Inseln, die zu beiden Seiten lagen, waren eine Meile von uns entfernt. Wir hofften endlich den Weg in das Indische Meer gefunden zu haben. Um mich darüber vergewissern zu können, beschloss ich, auf einer der Inseln zu landen. Als ich in Begleitung Banks' und Dr. Solanders vom Schiff abstieß, erblickten wir ein Dutzend Eingeborene auf dem Berg. Einer von ihnen war mit Bogen und Pfeil, die anderen waren mit Lanzen bewaffnet; auch bemerkten wir solche, die eine Halskette von Perlmuttergegenständen um den Hals trugen. Drei der Wilden kamen zum Strand herab, entfernten sich aber, als wir landeten. Wir kletterten sogleich auf den Berg hinauf, von dessen Gipfel ich mich davon überzeugen konnte, dass ich hier den Kanal gefunden hatte, der nach dem Indischen Meer führte.

Da ich der erste Europäer war, der an der östlichen Küste von Neuholland vom 38. Breitengrad an bis hierher gekommen war, so ließ ich die englische Flagge entfalten, taufte das Land mit allen Häfen und Inseln Neusüdwales und nahm es im Namen Georgs III., meines Königs, in Besitz. Wir feuerten drei Salven ab, die vom Schiff aus erwidert wurden. Daraufhin kehrten wir zum Schiff zurück und blieben die ganze Nacht hindurch vor Anker liegen. Am Morgen sahen wir einige Eingeborene am Strand Muscheln suchen; mithilfe der Ferngläser erkannten wir in ihnen Weiber, die ganz nackt gingen. Um 10 Uhr lichteten wir die Anker und steuerten südwestwärts und nach Westnordwest. Verschiedene Anzeichen bestärkten mich in dem Gedanken, dass wir bereits den Carpentariagolf im Norden Neuhollands durchquert hatten und die Indische See vor uns liegen haben mussten. Die Frage, ob Neuholland und Neuguinea zwei verschiedene Inseln wären, war gelöst. Die Straße, die beide trennt, habe ich nach meinem Schiff die Endeavourstraße[8] genannt.

Im Verhältnis zur Größe von Neusüdwales scheint die Zahl seiner Einwohner sehr gering zu sein; die größte Anzahl, die wir je beisammen gesehen haben, beträgt nicht mehr als dreißig Personen. Dies war in der Botanybai, als sich Männer, Weiber und Kinder auf einem Felsen versammelten, um das Schiff im Vorbeisegeln zu betrachten. Selbst in den Fällen, wo sie uns angreifen wollten und also Leute nötig hat-

---

8   Die heutige Torresstraße.

ten, brachten sie nie mehr als 14 bis 15 streitbare Männer auf die Beine. Auch sahen wir nie mehr als ein paar Hütten beieinander. Es ist wahr, wir haben von dem ungeheuren Land nicht mehr als die Küste gesehen, allein es ist doch mehr als unwahrscheinlich, dass das öde Innere des Landes reicher bevölkert ist als die der Ernährung günstigere Küste. Ohne Ackerbau würden sich die Bewohner des Festlandes schwerlich halten können; es ist aber nicht gut möglich, dass die Küstenbewohner von diesem Ackerbau nichts wissen sollten.

Wir haben an der Küste nicht einen Fußbreit angebauten Landes gefunden; es lässt sich daher mit großer Sicherheit die Behauptung aufstellen, dass das Innere des Landes nur sehr spärlich bewohnt sein kann. Wir haben allerdings nur mit einem Stamme der wilden Völkerschaften, die Neuholland bewohnen, näheren Verkehr unterhalten. Das war in dem Hafen, wo wir unser Schiff ausbesserten. Es waren alles zusammengenommen nur 21 Personen: 12 Männer, 7 Weiber, 1 Knabe und 1 Mädchen. Die Frauen haben wir nie in der Nähe zu sehen bekommen, denn wenn die Männer über das Revier kamen, ließen sie die Weiber und Kinder zurück. Die Männer waren von mittlerer Größe, schön gebaut, gradgliederig, dabei stark, lebhaft und gelenkig; ihrer Gesichtsbildung fehlte es nicht an Ausdruck, und ihre Stimme war sanft, beinahe weiblich fein. Am ganzen Leib waren sie jedoch mit Schmutz so überzogen, dass ihre natürliche Hautfarbe nicht mehr zu erkennen war. Wir tauchten den Finger in Wasser und rieben und kratzten die Haut an einzelnen Stellen ab, aber es war unmöglich, die Schmutzkruste, die sie schwarz machte, zu lösen; und alles, was wir ermitteln konnten, war, dass ihre Haut ursprünglich schokoladebraun gewesen sein musste. Die Gesichtsbildung dieser Wilden war nicht unangenehm; sie hatten weder platte, eingedrückte Nasen noch dick aufgeworfene Lippen. Die Zähne waren blendend weiß und klein, ihr Haar, das sie kurz trugen, war schwarz und straff, verschiedentlich war es leicht kraus, es war sehr klebrig, aber merkwürdigerweise frei von Ungeziefer.

Die Bärte, die sie ebenfalls kurz geschnitten trugen, waren buschig und stark und pechschwarz wie die Haare.

Wir sahen eines Tags einen Mann bei uns, der einen längeren Bart als seine Genossen trug; als er sich am nächsten Tag wieder einstellte, bemerkten wir, dass er seinen Bart gekürzt hatte. Bei näherer Untersuchung fand sich, dass die Spitzen des Barthaares abgesengt waren. Aus diesem Umstand, und weil wir niemals ein Messer bei ihnen sahen, schlossen wir, dass sie ihre Haare zu der von ihnen gewollten Kürze abzusengen pflegen.

Beide Geschlechter gehen ganz nackt, was ihnen sowenig unanständig vorkommt, wie uns die Entblößung des Gesichtes und der Hände. Ihr Hauptschmuck besteht in einem Vogelknochen, den sie durch den zu diesem Zweck durchbohrten Nasenknorpel stecken.

Wie diese unbequeme, unschöne, schmerzhafte Mode unter ihnen entstehen konnte, konnten wir nicht ergründen. Diese Mode, die ihnen ein schreckliches Aussehen verleihen sollte, war ihnen selbst so lästig, dass sie den Knochen nur bei besonderen Gelegenheiten in der Nase trugen, denn er ist 5 bis 6 Zoll lang, reicht über das ganze Gesicht, verstopft beide Nasenlöcher, zwingt sie ständig den Mund offen zu halten und behindert sie sogar derart im Sprechen, dass sie sich selbst kaum verstehen können. Der Matrosenwitz taufte diesen Schmuckknochen „die blinde Rahe", und wir hatten Mühe ernst zu bleiben, wenn sich die Herren Wilden mit der blinden Rahe in der Nase einstellten.

Als weitere Schmuckstücke tragen unsere Wilden noch Muschelhalsbänder, Armbänder aus Schnüren am Oberarm sowie eine aus Menschenhaar geflochtene Schnur um den Leib. Die Gecken unter ihnen besitzen noch Muschelbrustbänder, die von den Schultern über die Brust getragen werden. Außerdem bemalen sie die Schmutzkruste ihres Körpers mit weißer und roter Farbe; mit der roten schmieren sie sich große Flecken auf die Schultern und die Brust; mit der weißen Farbe tragen sie schmale Streifen, die über Arme und Beine laufen, und breite Bruststreifen auf, die ziemlich genau gezeichnet sind. Auch legen sie sich weiße Schönheitspfläsrerchen auf und malen sich weiße Ringe um die Augen, was grotesk genug aussieht. Die rote Farbe war Rötel, die körnigen Bestandteile der weißen Farbe konnten wir zu unserem Bedauern nicht analysieren.

So erpicht unsere Wilden auch auf ihren Schmuck waren, sowenig machten sie sich aus unseren bunten Bändern, unseren Glaskorallen und anderem europäischem Tand. Von Tausch und Handel hatten sie ebenfalls keine Ahnung. Was wir ihnen gaben, nahmen sie, aber sie konnten nicht begreifen, dass wir gegen unsere Geschenke auch etwas von ihnen im Tausch haben wollten. Übrigens hielten sie ihren Schmuck in so hohem Wert, dass sie ihn uns um alle Güter der Welt nicht überlassen hätten; wir konnten tatsächlich für unsere Sammlung nicht das geringste von ihnen erwerben. Die Gleichgültigkeit gegen unsere Schätze war auch die Ursache, dass sie nichts stahlen. Hätte sie danach gelüstet, so würden sie uns bestohlen haben, so aber warfen sie unsere Geschenke achtlos in den Wald, wo sie Herr Banks wieder auffand. Die tiefen Narben, die unsere Wilden, die sich einer kernigen Gesundheit erfreuten, an ihrem Körper trugen, waren, wie sie uns durch Zeichen verständlich machten, sogenannte Trauernarben, die sie sich aus Trauer über den Tod ihrer Lieben selbst beibrachten.

Ihrem Charakter als Nomaden entsprechend bauen sich unsere Wilden so erbärmlich primitive, unzulängliche Hütten, dass die der Feuerländer wahre Paläste dagegen sind. Ihre Hütten sind kaum so hoch, dass ein Mann aufrecht darin sitzen kann, und so ungenügend lang, dass sich keiner darin lagern kann. In diesen elenden Löchern fanden wir sie oft zu vieren, in gekrümmter Lage, die Knie am Kopf; vor der offenen Seite ihrer Hütte, deren Wand stets gegen den Wind gerichtet war, brannte zum Schutz gegen die Moskitos ein qualmiges Feuer; sie blieben immer nur so lange an einem Ort, bis sie der Hunger vertrieb. In den wärmeren Gegenden und auf den Inseln bauten sie ihre Hütten mit der Öffnung gegen den Wind. Interessant ist, dass sie, obschon sie keinerlei Kochgeschirre haben, doch das von ihnen erjagte Fleisch nie roh verschlangen, und dass sie es mit frappanter Sicherheit verstanden, sich Feuer zum Rösten ihres Wildes und ihrer Fische zu verschaffen. Um Feuer zu erhalten, nehmen sie einen acht Zoll langen dürren Stock, den sie spitzen. Mit dieser Spitze quirlen sie ein flaches Stück Holz so emsig, dass das Holz in weniger als zwei Minuten glimmt. Den Funken wickeln sie in eine Handvoll dürren Grases, und damit rennen sie gegen den Wind. Dann geben sie das glimmende Büschel in die Streu; einige Sekunden darauf brennt sie lichterloh.

Auf diese Weise sahen wir sie oft an verschiedenen Stellen Feuer anmachen; sie nennen das den Feuerlauf, der ihnen gleichzeitig zur Unterhaltung dient.

Wir beobachteten einen solchen Feuerläufer und sahen, dass an jeder Stelle, wo er sich bückte, um den Funken niederzulegen, bald eine Flamme loderte. Es schien uns, dass die Wilden durch den Feuerlauf die Kängurus, die sich vor dem Feuer außerordentlich fürchten, durch dieses einkreisen, um sie desto leichter zu erjagen; eine andre Erklärung des wegen der Dürre der Grasflächen so gefährlichen Sportes fanden wir nicht.

Die Waffen unserer Wilden bestehen aus Lanzen von verschiedener Größe und Art. Wir sahen Lanzen mit vier Spitzen oder Zinken, die mit Widerhaken versehen waren. Die einzelnen Spitzen waren mit einem harten und glatten Harz überzogen, wodurch sie tiefer in den Gegenstand eindringen, den sie treffen. In den nördlichen Gegenden der Küste hat die Lanze, deren Schaft aus einem geraden Rohr besteht, nur eine Spitze.

Der Schaft ist aus mehreren Stücken in der Gesamtlänge von 8—14 Fuß zusammengesetzt, die Spitzen bestehen entweder aus Fischgräten oder aus hartem Eisenholz. Wir sahen verschiedene Lanzen, die den Stachel des Stechrochens als Spitze hatten; die Widerhaken waren sehr sinnreich an den Stacheln befestigt. Die Widerhaken der Holzspitzen bestanden aus scharfen Muschelstücken, die in das Holz hineingebohrt und mit Harz befestigt waren. Erklärlicherweise ist diese Waffe außerordentlich gefährlich, denn entweder bleiben die Widerhaken im Fleisch stecken oder die Wunde wird beim Herausnehmen des Geschosses furchtbar zerfetzt.

Mit der Hand werfen die Wilden 30 bis 60 Fuß weit, mit ihrem Wurfstock dagegen bis auf 150 Fuß; sie treffen damit ihr Ziel ebenso sicher wie wir mit unseren Gewehren. Außer diesen Lanzen besitzen sie keine Offensivwaffen; wir sahen nur einmal in weiter Entfernung einen Mann, der mit Pfeil und Bogen bewaffnet schien, allein wir können uns auch geirrt haben; jedenfalls sind Pfeil und Bogen nicht allgemein im Gebrauch. Als Schutzwaffe dient ein Schild aus starker Baumrinde; wir fanden oft Bäume, an denen die Rinde genau in der Größe eines Schildes herausgeschält war.

Die Kähne dieses Volkes sind ebenso primitiv wie ihre Hütten. An der Botanybai bestehen sie aus Baumrinde, im Norden dagegen aus ausgehöhlten Baumstämmen. Hier waren sie 14 Fuß lang, sehr schmal und mit einem Seitenrahmen versehen, der das Umkippen verhinderte.

Auf welche Weise die Wilden, die keinerlei Werkzeuge besitzen, ihre Bäume fällen, konnten wir nicht in Erfahrung bringen; dass ihnen das primitive, schlecht gearbeitete Steinbeil, in dessen Besitz wir sie fanden, dazu diente, schien uns unglaublich. Zum Glätten ihrer Ruder, Lanzen und Wurfstöcke bedienen sie sich der scharfen und rauen Blätter einer Feigenart, mit denen sie das Holz ebenso scharf angreifen wie unsere Schreiner mit dem Schachtelrohr. Mit solchen Werkzeugen einen Kahn zu bauen ist eine Leistung, die wir nicht genug bewundern konnten; unser Schiffszimmermann hielt die Sache geradezu für unmöglich.

Durch welchen Umstand die Zahl der Eingeborenen, vorzüglich aber der Weiber, in diesem Land so zurückgegangen ist, dass man beinahe von einem Aussterben sprechen kann, ist uns ein Rätsel geblieben. Ob sie Kannibalen sind wie die Neuseeländer, ob sie durch Seuchen oder durch Kriege so dezimiert wurden, wie sie es sind, konnten wir ebenfalls nicht erfahren. Mit Ausnahme der zwei tapferen Wilden, die uns in der Botanybai an der Landung verhindern wollten, betrugen sich uns gegenüber fast alle Eingeborenen so scheu und feige, dass wir sie mit dem besten Willen nicht für kriegerisch halten können. Auch fanden wir unter ihnen niemand, an dessen Körper wir die Zeichen seiner kriegerischen Tapferkeit entdeckt hätten. Jedenfalls schien uns der Krieg nicht die Ursache des auffallenden Mangels an Menschen in diesem Land zu sein.

Zwölftes Kapitel.

Fahrt durch die Endeavourstraße. — Abenteuer während der Fahrt. Kranke an Bord. — Savu. — Kleinliche Schikanen. — Sitten und Gebräuche.

Ich hatte anfänglich die Absicht, so lange nach Nordwest zu steuern, bis ich die südliche Küste von Neuguinea erreichte, wo ich einlaufen wollte. Da ich aber auf diesem Weg gefährliche Klippen und Bänke antraf, so änderte ich meinen Kurs, um tieferes Wasser zu finden, und dies gelang mir auch nach Wunsch. Schon am Mittag segelten wir in einer Tiefe von 17 Klaftern. Land war nirgends zu sehen ; wir setzten unseren Kurs bis Sonnenuntergang fort und fanden eine Tiefe von 25—27 Klaftern. Als es Nacht wurde, kürzten wir die Segel und lavierten acht Stunden gegen den Wind. Bei Anbruch des Tages setzten wir alle Segel auf und steuerten erst gegen Westnordwest, dann gegen Nordwest, und zwar den ganzen Tag über. Bei Sonnenuntergang kürzten wir die Segel wieder und steuerten hart am Wind gegen Norden.

Um 8 Uhr des Morgens wendeten wir und steuerten gegen Süden; um 12 Uhr richteten wir unseren Kurs wieder nach Norden; je weiter wir kamen, desto seichter wurde die See. Sobald es Tag wurde, setzten wir alle Segel auf und steuerten auf die Küste von Neuguinea hin.

Die Wassertiefe war bis auf 12 Klafter gefallen. Am Abend flatterte ein kleiner Vogel um das Schiff; als es dunkel wurde, setzte er sich auf die Wand, wo wir ihn erhaschen konnten.

Wir setzten unseren Lauf gegen Norden bis zum 3. September fort, und zwar hielten wir uns der Untiefen wegen der Küste von Neuguinea so fern, dass wir sie vom Schiff aus nur undeutlich sehen konnten.

Unsere wiederholten Landungsversuche schlugen fehl. Wir verloren so sechs Tage, und da wir den südöstlichen Passatwind, der uns nach Batavia führen sollte, nicht länger unbenützt lassen wollten, so beschlossen wir, in der Pinasse an Land zu rudern. Der Wind, der vom Land wehte, führte uns den Duft der Blumen und Baumblüten zu, sodass wir begierig waren, die Vegetation des Landes zu untersuchen. Um 9 Uhr legten wir in einer Entfernung von 3—4 Meilen von der Küste bei. Ich ließ sofort die Pinasse aussetzen, ging mit Banks und Dr. Solander an Bord und ruderte dann mit noch zwölf bewaffneten Leuten an Land.

Allein das Wasser wurde so seicht, dass wir ungefähr 600 Fuß von der Küste stecken blieben; wir ließen also das Boot unter der Obhut von zwei Matrosen zurück und wateten an Land. Wir hatten vorher noch keine Anzeichen davon gefunden, dass das Land in dieser Gegend bewohnt wäre. Jetzt entdeckten wir im Sand hart am Ufer Fußspuren, die noch frisch waren. Da die Bewohner von Neuguinea von verschiedenen Reisenden als kriegerisch, grausam und hinterlistig geschildert waren und der Urwald ihnen die gefährlichsten Verstecke bot, so erforderte es die Klugheit, vorsichtig zu sein, um nicht in einen Hinterhalt zu fallen und vom Boot abgeschnitten zu werden. Wir drangen daher nicht in den dichten Wald ein, sondern gingen den Waldsaum entlang bis zu einem Hain von Kokosbäumen, die voller Früchte hingen. Unterhalb des Haines befand sich, in der Nähe eines Baches mit salzigem Wasser, eine verlassene Hütte; sosehr uns auch die Früchte locken mochten, sowenig schien es uns ratsam, sie zu brechen. Nicht weit davon fanden wir einige Bataten- und Brotfruchtbäume. Wir waren jetzt etwa eine englische Meile vom Boot entfernt.

Plötzlich, ehe wir uns dessen versahen, kamen drei Eingeborene mit Kriegsgeheul aus dem Wald heraus auf uns zu. Der vorderste schleuderte etwas nach uns, das wie Schießpulver brannte, aber keinen Knall von sich gab; die beiden anderen schleuderten ihre Lanzen. Wir feuerten sofort mit Schrot auf sie, trafen aber anscheinend niemand, denn wenn sie auch erschreckt stehen blieben, so warfen sie doch wieder ihre Lanzen nach uns. Wir luden unsere Gewehre mit Kugeln und feuerten zum zweiten Mal. Wir mussten getroffen haben, denn sie ergriffen jetzt in aller Schnelligkeit die Flucht, worauf wir uns langsam nach dem Boot hin zurückzogen. Während wir der Küste entlang schritten, machten uns die Leute im Boot darauf aufmerksam, dass etwa 1500 Schritte von uns entfernt auf einer Landspitze die Eingeborene sich in großer Anzahl versammelten. Wir wateten sofort nach dem Boot, während sie untätig auf der Landspitze blieben, ohne uns zu belästigen. Als wir im Boot waren, ruderten wir auf sie zu; ihre Anzahl war etwa auf hundert angewachsen. Mit Muße beobachteten wir sie und fanden, dass sie viel Ähnlichkeit mit den Neuholländern hatten; sie waren von derselben Größe, trugen die Haare wie jene und gingen vollständig nackt. Die Hautfarbe schien etwas heller, kaffeebraun zu sein. Wahrscheinlich waren sie reinlicher als die Wilden der Botanybai. Während wir vor ihnen hielten, forderten sie uns unter beständigem Geheul heraus, wobei sie ihr Feuer abbrannten. Was das für ein Feuer war, welchem Zweck es diente und wie es abgebrannt wurde, konnten wir nicht sehen. Wir sahen nur, dass sie ein kurzes Rohr in der Hand hielten und es ein paarmal im Kreise herumschwenkten, worauf aus dem Rohr Feuer und Rauch hervorkamen. Obwohl kein Knall zu vernehmen war, machte die Sache vom Schiff aus den Eindruck, als Feuerten sie richtige Gewehre ab; unsere Leute glaubten in der Tat, die Wilden hätten Feuerwaffen. Nachdem wir sie in Muße betrachtet hatten, ohne uns durch ihr Blitzen und ihr Geheul stören zu lassen, schossen wir unsere Gewehre über ihre Köpfe ab. Als sie die Kugeln in den Bäumen rasseln hörten, zogen sie sich langsam zurück. Wir ruderten dann nach dem Schiff. Die Lanzen, die sie nach uns geworfen hatten, bestanden aus Bambusrohr mit einer Spitze aus Eisenholz, die mit Widerhaken versehen war. Die Wilden schleuderten ihre Lanzen mit ungeheurer Kraft, denn obwohl sie fast 200 Fuß von uns entfernt waren, so flogen die Geschosse doch weit hinter uns. Wir nahmen daher an, dass sie Wurfstöcke verwenden.

Als wir an Bord des Schiffes waren, ließ ich sofort westwärts steuern, denn ich hatte keine Lust, meine kostbare Zeit noch länger an dieser Küste zu verlieren.

Das Schiffsvolk jubelte über diesen Befehl. Zu meinem Leidwesen rieten mir meine Offiziere, eine Abteilung Matrosen an Land zu schicken und die Kokosbäume fällen zu lassen. Das wäre nicht ohne Blutvergießen abgegangen; und wegen einiger Nüsse setze ich kein Menschenleben aufs Spiel. Dergleichen blutige Auftritte sind mir zuwider, und selbst wenn ich Mangel an allem gelitten hätte, so wäre es mein Letztes gewesen, Gewalt anzuwenden und Menschen zu töten, um sie ihres Eigentums zu berauben. Auch fehlte es mir an der Zeit, denn das Schiff war so leck, dass es noch fraglich war, ob wir es nicht in Batavia gründlich ausbessern lassen müssten. Und dies war der Hauptgrund, weshalb wir Eile nötig hatten. Außerdem hatten wir in einer Meeresgegend, wo es nichts mehr zu entdecken gab, keine Zeit zu verlieren.

Am 17. September erblickten wir morgens um 6 Uhr eine Insel in Westsüdwest. Anfangs glaubte ich eine neue Entdeckung gemacht zu haben; als wir aber um 10 Uhr an der Nordseite waren, sahen wir Häuser und Schafherden auf der Insel, die von den Eingeborenen Savu genannt wird und zu den Kleinen Sundainseln zählt — für Leute in unseren Umständen Grund genug einzulaufen. Und so beschloss ich denn, der Kranken wegen, die mir nicht verzeihen konnten, dass ich vor Timor nicht beilegen wollte, hier vor Anker zu gehen und mit den Bewohnern dieser Insel, die mit allem, was wir so dringend nötig hatten, reichlich versehen waren, in Verbindung zu treten. Die Pinasse wurde also ausgehoben, und der zweite Schiffsoffizier Gore wurde abgeschickt, um einen Ankerplatz für das Schiff ausfindig zu machen. Kaum war er fort, so erblickten wir zwei Reiter, die das Schiff mit großem Interesse betrachteten. Aus diesem Umstand schlossen wir, dass sich auf der Insel Europäer befänden, wodurch wir uns aller Weitläufigkeiten enthoben wähnten. Unterdessen landete Gore in einer kleinen, sandigen Bucht, an der etliche Häuser standen. Wir beobachteten, dass ihm ein Dutzend Eingeborener entgegenging. An Gestalt und Kleidung waren sie den Malaien ähnlich. Auch trugen sie wie diese ein Messer im Gürtel. Einer von ihnen führte einen Esel bei sich. Wir sahen, dass sie Herrn Gore freundlich einluden, an Land zu kommen, und dass sie sich mit Zeichen verständlich zu machen suchten. Kurz darauf kam er an Bord und teilte uns mit, dass es in dieser Gegend keinen Ankerplatz für das Schiff gebe. Ich sandte ihn wieder an Land und gab ihm Geld und Waren mit, um einige Erfrischungen für die Kranken einzukaufen. Dr. Solander ging zur Begleitung mit.

Inzwischen lavierte ich mit dem Schiff hin und her; ich mochte ungefähr eine Meile vom Land entfernt sein. Das Boot war noch nicht am Land, da erblickten wir zwei Reiter, von denen der eine ganz nach europäischer Art gekleidet war; sie schienen ihre ganze Aufmerksamkeit dem Schiff zu schenken. Sobald Herr Gore und Dr. Solander aus dem Boot stiegen, versammelten sich um sie einige Leute zu Pferd und eine große Menge Fußgänger. Wir sahen, dass man ihnen einige Kokosnüsse ins Boot trug, ein Anblick, der uns das Beste hoffen ließ.

Nach 1 $^1/_2$ Stunden signalisierte uns Herr Gore, dass sich leewärts eine Bai befinde, in der wir ankern könnten. Wir steuerten sofort dahin; das Boot folgte uns, und die beiden Herren kamen an Bord. Gore berichtete, dass er einige der Vornehmen des Landes gesprochen, und dass man ihm die Kokosnüsse als Geschenk überreicht habe. Auch erzählte er, auf welch umständliche Weise er von dem Hafen Nachricht erhalten hätte.

Um 7 Uhr des Abends erreichten wir die Bai und gingen daselbst eine Meile weit vom Land in 38 Klaftern Wasser auf reinem Sandboden vor Anker. Als wir um die nördliche Landspitze segelten, erblickten wir eine Stadt, weshalb wir eine Flagge aufzogen. Es dauerte nicht lange, so wurden in der Stadt gleichfalls Flaggen aufgezogen, und zwar zu unserer Verwunderung holländische; zur gleichen Zeit wurden drei Kanonenschüsse abgefeuert. Bei Anbruch des folgenden Tages bemerkte ich auf dem Strand uns gegenüber einige aufgezogene holländische Flaggen. Da ich nun annehmen musste, dass die Holländer hier eine Kolonie hätten, so schickte ich Herrn Gore in großer Uniform an Land, um dem Stadthalter oder dem Residenten unsere Aufwartung zu machen und ihm zu melden, wer wir wären und was uns gezwungen hätte, diese Küste anzulaufen.

An der Stelle, wo Herr Gore landete, fand er eine Wache von dreißig Eingeborenen, die mit Musketen bewaffnet waren; der Befehlshaber der Wache meldete sich und geleitete ihn mit wehender Fahne nach der Stadt, wo er dem Rajah, d. i. dem Könige der Insel, vorgestellt wurde. Gore stattete mithilfe seines portugiesischen Dolmetschers seine Meldung ab: dass der Endeavour ein dem König von Großbritannien gehöriges Kriegsschiff sei, viele Kranke an Bord habe und für diese Kranken Erfrischungen aller Art einzukaufen wünsche. Der Rajah erwiderte höflich, dass er persönlich gerne bereit wäre, uns mit allem, was wir verlangten, zu versorgen; weil er aber mit der Holländisch-Indischen Kompanie ein Bündnis abgeschlossen hätte, so müsse er, ehe er mit uns in Handelsverbindung trete, dem Residenten der Kompanie, der der einzige weiße Mann auf der Insel sei, Kenntnis von unserem Anliegen geben. Er schickte sogleich einen Brief an den Residenten, der in der Nähe der Stadt wohnte, während Herr Gore einen Boten an mich abfertigte, um mir von dem Verlauf der Verhandlungen Kenntnis zu geben. Nach einigen Stunden beantwortete der Resident den Brief in Person, und wir erfuhren bei dieser Gelegenheit, dass er ein geborener Sachse war und Johann Christoph Lange hieß. Er war der Reiter in europäischer Tracht, den wir vom Schiff aus beobachtet hatten. Der Resident kam Herrn Gore außerordentlich liebenswürdig entgegen und versicherte ihm, dass er seinerseits unseren Einkäufen in jeder Weise förderlich sein werde. Auch äußerte er den Wunsch, das Schiff zu besichtigen. Als der Rajah denselben Wunsch äußerte, erbot sich Herr Gore sofort, die Herrschaften an Bord zu geleiten. Um 2 Uhr erschien Gore mit seinen Gästen an Bord. Da unser Mittagsmahl gerade zubereitet war, so luden wir sie ein, daran teilzunehmen. Der Rajah schien verlegen und meinte, er könne es nicht glauben, dass wir ihm erlauben wollten, sich neben uns zu setzen, da wir doch weiße Männer wären und er ein farbiger sei. Wir beruhigten ihn, und nun setzten wir uns heiter und fröhlich zu Tisch. Um Dolmetscher waren wir nicht verlegen. Dr. Solander verstand so viel Holländisch, sich mit dem Residenten unterhalten zu können; einige unserer Matrosen konnten sich mit dem Rajah verständigen, der portugiesisch sprach. Unsere Mahlzeit bestand aus Hammelfleisch, was den Rajah veranlasste, sich ein englisches Schaf auszubitten. Obwohl wir nur noch ein einziges Exemplar an Bord hatten, wurde ihm die Bitte bewilligt; auch seine Bitte um einen englischen Hund konnte erfüllt werden, indem ihm Herr Banks sein Windspiel verehrte. Der Resident erhielt auf seinen Wunsch ein Fernglas zum Andenken. Hierauf erzählten uns unsere Gäste von dem großen Reichtum der Insel an Ochsen, Schafen, Schweinen und Federvieh, von dem wir so viel erhalten könnten, als wir gebrauchten. Der Becher kreiste öfter als der Rajah und der Resident vertragen konnten; doch hatten sie so viel Gewalt über sich, dass sie sich noch rechtzeitig entfernten. Unsre Seesoldaten machten die Honneurs.

Der Rajah wollte einige militärische Übungen sehen. Man willfahrte ihm und ließ drei Salven abfeuern. Das erste Mal, als er die Präzision bemerkte, womit die Soldaten den Hahn spannten, anschlugen und feuerten, schrie er vor Bewunderung laut auf. Als die Gäste vom Schiff abfuhren, wobei ihnen Herr Banks und Dr. Solander das Geleit gaben, feuerten wir zu ihren Ehren neun Kanonenschüsse ab.

In der Stadt wurden die Herren Banks und Dr. Solander von dem Rajah mit süßem Palmwein bewirtet. Dieses Getränk ist nichts anderes als der Saft, der aus der angebohrten Palmknospe träufelt; er schmeckt süß, aber nicht unangenehm. Dr. Solander verordnete ihn sofort unseren Skorbutkranken, nachdem er zu diesem Zweck einige Krüge davon gekauft hatte.

Am nächsten Morgen stattete ich mit den Herren Banks und Dr. Solander sowie den ersten Offizieren dem Rajah einen Gegenbesuch ab, um gleichzeitig einige Ochsen, Schafe und Federvieh von ihm einzuhandeln. Darauf besuchten wir die von der Holländisch-Indischen Kompanie erbauten Gebäude. In dem größten trafen wir Herrn Lange und den Rajah, der Ae Mädocho Lomi Dära hieß und diesmal mit seinem ganzen Hofstaat erschienen war. Als wir dem Residenten vorschlugen, einen Tauschhandel zu etablieren, wies er uns an die Eingeborenen und empfahl sich unter irgendeinem Vorwand. Der Rajah lud uns zu Tisch ein, was wir annahmen. Den Wein stellten wir.

Das Essen bestand aus Reis und Schweinefleisch, das auf verschiedene Weise zubereitet worden war und in 36 Schüsseln aufgetragen wurde. Nach der Landessitte nahm der Rajah nicht daran teil; ihn vertrat sein Premierminister. Auch der Resident erschien wieder und wohnte der Festlichkeit bei. Die verschiedenen Gerichte mundeten ausgezeichnet; auch die verschiedenen Suppen, die dazu gereicht wurden, waren vorzüglich. Die aus Blättern verfertigten Löffel, deren wir uns bedienen mussten, waren zu klein, so dass nur Wenige die Geduld besaßen, sich ihrer zu bedienen. Nach Tisch begaben wir uns, um uns den Freuden des Weines zu ergeben, in einen anderen Raum, während die Matrosen unsere Plätze einnahmen, um die Reste unsres Menüs zu verzehren, was ihnen unmöglich war, so reichlich wurde aufgetischt. Die Frauen und Mädchen, die die Speisen auftrugen, nötigten unsere Leute, das, was sie nicht verzehrten, mitzunehmen.

Wir aber saßen fröhlich beim Wein! Und da der Wein die Zunge löst und das Herz fröhlich macht, so brachten wir das Gespräch wieder auf unsere Angelegenheiten, den Einkauf von Ochsen usw. Unser sächsischer Holländer setzte jetzt eine Amtsmiene auf und erklärte, von seinem Vorgesetzten den Befehl erhalten zu haben, uns nur mit dem Nötigsten zu versehen und einen längeren Aufenthalt nicht zu gestatten.

Wir hielten diesen Befehl für eine Fabel, ersonnen, uns zu brandschatzen, und beschlossen dem vorzubeugen.

In der Tat war das für uns bestimmte Vieh vom Markt abgetrieben worden. Wir beschwerten uns sehr energisch bei dem verräterischen Residenten, der uns scheinheilig vertröstete. Der Rajah machte uns Hoffnung für den nächsten Tag, an dem wir wieder auf dem Markt erschienen, wo ein kleiner Ochse angetrieben war, für den fünf Guineen, zweimal soviel als das Tier wert war, verlangt wurden. Wir boten drei und erhielten den Zuschlag unter der Bedingung, dass der Rajah den Kauf gestatte. Dr. Solander war inzwischen zu dem Residenten gegangen, um dort vorstellig zu werden; er kam in Begleitung von etwa 100 Bewaffneten zurück und meldete mir, dass uns der Rajah den Kauf verbiete, weil wir seine Leute übervorteilten. Wir bezweifelten nicht, dass dieser Befehl auf den Residenten zurückzuführen war, der sich auf erpresserische Weise an uns bereichern wollte, was er am besten dadurch zu erreichen hoffte, dass er die Eingeborenen vom Markt vertreiben ließ. In diesem Augenblick erkannte ich den alten Premierminister des Rajahs und sah ihm an, dass er das Verfahren des Vertreters des Residenten missbilligte. Ich begrüßte ihn und schenkte ihm einen Soldatendegen; er nahm den Degen mit Entzücken, schwenkte ihn über dem Kopf des Portugiesen und befahl ihm und dem Offizier der Wache, sich hinter ihn zu setzen und ruhig zu sein. Ein Zeichen des alten Herrn, und der Markt war mit einem Mal wieder belebt. Wir konnten einkaufen und eintauschen, was wir wollten; wir erhielten sogar im Tausch die größten Ochsen gegen alte Flinten.

Savu ist von Osten nach Westen ungefähr acht Seemeilen lang und überaus fruchtbar. Die Einwohner sind im Großen und Ganzen eher klein als groß; besonders aber sind die Frauen klein und in einem gewissen Alter untersetzt. Die Vornehmen sind von lichter, hellbrauner Farbe; die Haut der gewöhnlichen Leute, die viel in der Sonne arbeiten, ist fast so dunkel wie die der Eingeborenen von Neuholland. Die Männer sind körperlich schön gebaut; ihre Gesichtsbildung ist verschieden. Die Frauen dagegen sehen einander so ziemlich ähnlich; sie binden ihr Haar nach hinten in einen dichten Busch zusammen, eine Mode, die sie nicht verschönt. Die Männer tragen ihr langes Haar mit einem Kamm auf dem Kopfwirbel zusammengesteckt; beide Geschlechter epilieren ihr Haar unter der Achsel, die Männer sogar den Bart. Zu diesem Zwecke tragen die Vornehmen eine kleine silberne Zange bei sich, die an einer Zierschnur um den Hals hängt. Die Stutzer tragen einen winzigen Schnurrbart, der die Hälfte der Oberlippe von der Nasenwurzel aus bedeckt. Männer wie Frauen kleiden sich in blauen, wolkenmäßig schattierten Kattun, den sie selbst weben.

Zwei Stücke Kattun in Länge von 6 und Breite von 5 $^1/_2$ Fuß reichen zur vollständigen Kleidung; das eine dient als Ober-, das andre als Unterkleid. Arme, Beine und Füße bleiben unbekleidet. Die Frauen tragen ihr Haar frei, während die Männer eine Art von Turban um den Kopf wickeln. Auffallend ist ihre Vorliebe für Schmuck, echten und unechten. Die Vornehmen tragen goldene oder vergoldete Ketten um den Hals, Ringe an den Fingern, Korallenschmuck, Armbänder und Ohrgehänge von überladenem, oft protzenhaftem Umfang. Die Söhne des Rajahs trugen als Zeichen ihrer Würde Schlangenarmbänder um den Oberarm. Außerdem schmückten sich Männer und Frauen mit Tätowierungen an den Armen; bei den Frauen waren es meist Quadrate, bei den Männern Namenszüge. Die unverkennbare Ähnlichkeit dieser Zeichen mit denen, die sich die Südseeinsulaner einzutätowieren pflegen, war überraschend; über

166

den Ursprung dieser gemeinsamen Unsitte vermochten wir natürlich Bestimmtes nicht zu erfahren; sie ist traditionell wie die Erbsünde.

Die Häuser auf dieser Insel sind nach einem System und je nach dem Rang und dem Vermögen ihrer Besitzer kleiner oder größer erbaut; sie sind auf Pfeilern und Pfosten ungefähr 4 Fuß hoch über dem Erdboden errichtet. Das schräge, mit Palmblättern gedeckte Dach reicht bis auf 2 Fuß gegen den Fußboden hinunter.

In jedem Haus befindet sich ein von den übrigen Räumen abgesondertes Frauengemach. Der Haustrunk auf Savu und auf den übrigen Sundainseln ist der auf sinnreiche Weise von der Fächerpalme gezogene Palmwein, der Toddy. Um ihn zu gewinnen, schneiden die Eingeborenen die Knospen der geschlossenen Blüten auf, unter die man kleine, aus Blättern so dicht geflochtene Körbchen hängt, dass nichts hindurchtropfen und der aus den Knospen laufende Saft gesammelt werden kann. Zur Einsammlung dieses Saftes sind gewisse Leute bestellt, die morgens und abends auf die Bäume klettern und die Sammelkörbchen in einen großen Behälter leeren. So groß auch die Quantitäten dieses Weines sein mögen, die die Insel selbst verbraucht, so ist doch die Ernte immer noch größer, weshalb der überschüssige Saft zu Sirup, der Gula, eingekocht wird, deren heilende Wirkung wir an unseren Kranken beobachten konnten. Mit Reis gemischt dient die Gula zur Mästung der Schweine und des Geflügels. Die Blätter der Fächerpalme dienen zur Herstellung von Körben, Bechern, Sonnenschirmen und — Tabakpfeifen; auch deckt man die Dächer damit.

Männer wie Frauen sind dem hässlichen und schädlichen Laster ergeben, fortwährend Betel und

Areka zu kauen, woran sie von Jugend auf gewöhnt werden. Auch mischen sie Betel und Areka mit Muschelkalk und Tabak. Der Tobak verpestet den Atem, und der Betel mit der Kalkmischung greift die Zähne so an, dass sie bald einer ausgebrannten Kohle gleichen. Ich habe junge Männer gesehen, die fast keine Zähne, sondern nur noch ekle, schwarze Zahnstumpen im Munde hatten. Meines Wissens sind viele Schriftsteller der Ansicht, dass es die zähe, faserige Hülle der Urekanuss sei, was die Zähne so verdirbt, allein ich bin andrer Meinung. Ich glaube entschieden, dass der Kalk die Schuld an diesem Übel trägt, denn die Zähne sind nicht abgebrochen oder ausgebissen, wie es sein müsste, wenn das beständige Kauen harter Gegenstände allein in Betracht käme, sondern nach und nach abgefressen wie Metalle, die der Wirkung starker Säuren ausgesetzt sind; ich kann nur der zerfressenden Wirkung des ätzenden Muschelkalks die Schuld geben. Männer wie Frauen sind auch leidenschaftliche Raucher; sie rollen den Tobak und stecken ihn in ein 6 Zoll langes, aus einem Palmblatt verfertigtes Röhrchen. Da sich in ein solches Röhrchen nur sehr wenig Tobak einfüllen lässt, so schlucken sie, um seine Wirkung zu verstärken, den Rauch in die Lunge. Mit Vorliebe tun das wieder die Frauen.

Der Resident versicherte uns, dass das Volk sehr tapfer und kriegerisch sei, und dass die Rajahs der fünf miteinander verbündeten Fürstentümer der Insel 2500 Mann mit Musketen, Spießen, Lanzen, Kriegsbeilen und Schilden bewaffneter Krieger auf die Beine stellen könnten. Die Lanzen sollen sie, wie er uns erzählte, so geschickt zu schleudern wissen, dass sie auf 60 Fuß Entfernung das Herz des Feindes treffen. Inwieweit dieses Zeugnis berechtigt ist, lasse ich dahingestellt. Wir haben nie Leute mit Lanzen gesehen, und die Musketen waren in schlechtem Zustand, außen zwar rein, aber innen vom Rost zerfressen. Von Kriegszucht war bei den sogenannten Truppen keine Spur zu entdecken. Auf dem Marsch liefen sie wie ein Haufen zusammengerottetes Volk einher; der eine trug ein Huhn, der zweite Tabak, der dritte Waren, um sie zu Markt zu bringen; in den Patronentaschen fehlten die Patronen. Die große Kanone vor dem Pseudozeughaus lag auf einem Steinhaufen mit dem Zündloch nach unten. Kriegerisch sah das alles nicht aus.

Die Sklaven gehören hier zum Grundbesitz und werden gut gehalten; ohne Vorwissen des Rajahs, d. h. ohne Urteil, darf kein Sklave gezüchtigt werden.

Manche Grundherren haben 500 Sklaven. Wenn ein vornehmer Herr ausgeht, so trägt ihm ein Sklave sein Schwert nach, dessen Griff meist aus Silber ist; ein zweiter trägt den Betel- und Tabaksbeutel. Der gewöhnliche Preis für einen Sklaven besteht in einem gemästeten Schwein. Die Religion dieser Leute ist, wie uns der Resident sagte, eine ungereimte Art Heidentums. Jeder wählt sich seinen eigenen Gott.

Es gibt beinahe so viel Götter und Götzen, als es Eingeborene auf der Insel gibt. Doch ist ihre Sittenlehre rein und verfeinert. Niemand darf mehr als eine Frau nehmen; der uneheliche Verkehr beider Geschlechter ist verpönt. Der Diebstahl ist verachtet. Beleidigungen werden ausschließlich von dem Rajah gerichtet, dessen Urteil allein entscheidend ist.

Dreizehntes Kapitel.

In Batavia. — Todesfälle. — Ungesundes Klima. — Tupia stirbt. —
Die Javaner und ihre Lebensgewohnheiten. — Nationallaster. —
Sklaverei. — Abreise.

Am 21. September 1770 gingen wir am frühen
Morgen unter Segel und steuerten längs der Küste
von Savu westwärts. Am 26. um 7 Uhr abends befanden wir uns in der Breite, in der das Vorgebirge von
Java liegt. Trotzdem sah ich kein Land; ich richtete
daher meinen Lauf nach Ostnordost. In der Nacht
zum 1. Oktober bekamen wir ein Gewitter mit heftigem Donner und Blitz. Mitternacht, als ein fürchterli-
cher Blitzstrahl Himmel und Meer erhellte, sahen wir
Land im Osten. Um 6 Uhr morgens lag das westliche
Ende von Java nur noch fünf Seemeilen im Südosten. Am 2. Oktober früh 4 Uhr liefen wir hart an die
Küste von Java hinein, sodann steuerten wir längs
des Landes hin. Am Morgen schickte ich ein Boot ab,
um einige Früchte für den schwer erkrankten Tupia
und Heu für das Vieh einzuhandeln. Nach zwei Stunden kam es mit dem Verlangten zurück. Die Küste
war so mit Bäumen bewachsen, dass es wie ein einzi-
ger Wald aussah und einen herrlichen, zauberhaft
schönen Anblick gewährte. Um 11 Uhr sahen wir
zwei holländische Schiffe auf der Höhe der Angerspit-
ze liegen. Ich schickte meinen ersten Offizier Hicks
aus, um Neuigkeiten aus unserem Vaterland einzuholen, von dem wir so lange nichts gehört hatten. Es
war nicht viel, was er zu hören bekam.

Endlich kamen wir nach einigen Kreuzfahrten glücklich auf der Reede von Batavia vor Anker. Hier fanden wir den englischen Ostindienfahrer „Harcourt"
und zwei englische Kauffahrteischiffe, dreizehn große
und viele kleinere holländische Schiffe vor Anker lie-

gen. Kaum waren wir angelangt, so wurde von einem Schiff her, das einen Kommandowimpel führte, ein Boot an uns abgefertigt. Der Offizier, der es befehligte, befragte uns, wer wir seien und woher wir kämen, und kehrte dann mit der Antwort sofort an Bord seines Schiffes zurück; er und seine Leute sahen so blass aus wie Gespenster: Eine traurige Vorbedeutung von den Leiden, die wir in einem so ungesunden Land ausstehen sollten! Kurz darauf sandte ich einen Leutnant an den Statthalter ab, um ihm unsere Ankunft mit dem Ausdruck des Bedauerns zu melden, dass wir ihn nicht wie üblich mit neun Kanonenschüssen begrüßt hätten. Hierauf überreichte mir der Schiffszimmermann den offiziellen Bericht über die Havarien des Schiffes, den ich einem Gesuch an den Statthalter beilegte, das Schiff in der Reede kielholen und reparieren zu dürfen; sodann gingen wir alle an Land.

Wir begaben uns sofort zu Herrn Leith, einem angesehenen Engländer, um ihn um Rat zu fragen.

Herr Leith empfing uns sehr höflich und behielt uns zu Tisch bei sich. Wir fragten ihn, wo wir am besten in der Stadt wohnen könnten. Er teilte uns mit, dass es einen Gasthof in Batavia gebe, in dem alle fremden Kaufleute wohnen müssten; da wir jedoch einem königlichen Schiff angehörten, so bezweifle er nicht, dass uns der Statthalter erlauben würde, nach freier Wahl zu wohnen. Herr Leith meinte, wir könnten uns besser und billiger einrichten, wenn wir in der Stadt ein Haus mieteten und uns zur Bedienung einige Leute vom Schiff aussuchten. Da wir aber niemand an Bord hatten, der sich mit den Eingeborenen wegen des Einkaufs von Lebensmitteln hätte verständigen können, so zogen es unsere Freunde vor, im Hotel zu wohnen. Um 5 Uhr des

Nachmittags wurde ich dem Statthalter vorgestellt und mit Auszeichnung empfangen. Er sagte mir, dass ich alles erhalten würde, dessen ich bedürfte; die Petition aber werde er dem Staatsrat unterbreiten, dem er mich vorstellen würde.

Um 9 Uhr des Abends brach ein fürchterliches Gewitter mit Sturm, Donner und Blitz über uns herein.

Der Blitz spaltete den großen Mast eines holländischen Schiffes, das in unserer Nähe lag, und schleuderte ihn übers Verdeck. Wir würden das nämliche Schicksal erlitten haben, wenn wir nicht kurz vorher eine elektrische Kette aufgehängt hätten, in die der Strahl schlug. Der Blitz fuhr jedoch die Kette entlang ins Wasser, ohne das Schiff zu beschädigen. Wir empfanden nur einen gewaltigen Stoß. Die Kette sprühte Funken, und einer Schildwache, die in diesem Augenblick ihr Gewehr lud, wurde dieses aus der Hand geschleudert und der Ladestock zerschmettert. Von dem Staatsrat erhielt ich am nächsten Morgen persönlich die Zusicherung, dass ich alles, was ich nötig hätte, erhalten sollte.

Da es Herrn Banks im Gasthof zu unruhig war, so mietete er nebenan für sich und seine Freunde ein Privathaus; sobald er sich darin eingerichtet hatte, ließ er den kranken Tupia von Bord holen, dem er nebst Tasseto hier ein Zimmer anwies. Als Tupia die Stadt sah, lebte er wieder auf; er promenierte gern und viel in den Straßen und sah sich alles mit dem größten Interesse an. Als er wahrnahm, dass hier jedermann in seiner Landestracht erscheint, so ging er nur noch in der seinigen aus und wurde deshalb vielfach für Otourou gehalten, den Insulaner, den Herr von Bougainville seinerzeit aus Otahiti mit sich nach Frankreich nahm.

Die Kosten, die die Ausbesserung und die Ausrüstung des Schiffes erforderten, nötigten mich Gelder aufzunehmen. Der Generalstatthalter streckte mir die Summe, die ich brauchte, aus der Kasse der Kompanie vor, worauf ich das Schiff auf die Werft brachte.

Unterdessen machte sich das mörderische Klima über uns her. Der Erste, der schwer erkrankte, war Tupia; Tayeto bekam eine Lungenentzündung; zwei Bediente des Herrn Banks wurden bettlägerig, und bei den Herren Banks und Dr. Solander stellten sich schwere Fiebererscheinungen ein. Nach wenigen Tagen war fast jedermann von uns krank. Dies rührte ohne Zweifel von der niedrigen, sumpfigen Lage des Ortes und von den unzähligen, unreinen Kanälen her, die die Stadt nach allen Richtungen hin durchziehen. Tupia war der Erste, der sich wieder nach der reineren Seeluft sehnte. Herr Banks ging mit ihm nach dem Kuypor-Eiland und errichtete ihm bei der Schiffswerft ein Zelt. Auch pflegte er ihn so lange, bis er selbst so schwach wurde, dass er kaum mehr gehen konnte. Dr. Solander brach ebenfalls zusammen, und unser Schiffsarzt Monkhouse konnte das Bett nicht mehr verlassen.

Am 5. November, an dem Tag, wo das Schiff umgelegt wurde, starb der arme Monkhouse, ein einsichtsvoller Arzt und uns allen ein treuer Freund. Ein furchtbarer Schlag für uns. Herr Banks war so schwach, dass er nicht einmal dem Leichenbegängnis beiwohnen konnte. Der Tod kam uns allen sichtbar näher, und wir konnten ihm nicht entfliehen. Am 9. November starb Tayeto, dessen Tod unseren armen Tupia so furchtbar hart traf, dass wir an seinem Aufkommen zu zweifeln begannen.

Der Boden des Schiffes war unterdessen genau untersucht worden. Der Afterkiel fehlte bis auf eine

Kleinigkeit; der Hauptkiel war schwer beschädigt; ein großer Teil der Schiffshaut fehlte, und viele von den inneren Planken waren derart abgescheuert, dass sie kaum mehr einen achtel Zoll dick waren. Auch die Würmer hatten ihr Zerstörungswerk begonnen und die Rippen angefressen. In diesem trostlosen Zustand war das Schiff viele Hunderte von Seemeilen über den Teil des Weltmeers gesegelt, der für die Schifffahrt als der gefährlichste gilt. Welches Glück, dass wir nicht wussten, dass unser Schiffsboden noch dünner als eine Schuhsohle war, dass zwischen uns und dem bodenlosen Abgrund des Korallenmeers nur diese dünne Scheidewand war! Und allen diesen Gefahren waren wir entgangen, um hier am Land eines elenden Todes zu sterben!

Die Herren Banks und Dr. Solander waren so krank, dass der Arzt ihnen als einziges Rettungsmittel Luftveränderung vorschrieb. Wir mieteten ihnen ein Landhaus zwei Meilen von der Stadt entfernt und kauften ihnen auf ihren Wunsch zwei malaiische Sklavinnen als Pflegerinnen. Kurz nach der Übersiedelung der beiden Herren starb zu unser aller Leidwesen der arme Tupia, der sich von dem Verlust seines jungen Freundes nicht mehr erholen konnte. Zum Glück wirkten die Seeluft und der Landaufenthalt bei unseren anderen Kranken; die Herren Banks und Dr. Solander erholten sich zusehends. Während sie genasen, erkrankten andre, so dass von der ganzen Besatzung kaum zehn Mann imstande waren Dienst zu tun. Auch ich konnte mich vor Fieber nicht mehr aufrecht halten. Dessen ungeachtet fuhr ich fort, das Schiff auszurüsten und den nötigen Proviant einzuhandeln. Am 26. November stellte sich nach einem furchtbaren, wolkenbruchartigen Unwetter der Passatwind ein. Der Regen durchströmte unser Landhaus wie ein Sieb; und in den unteren Zimmern wütete das Wasser wie ein Bach, der ein Mühlrad hätte treiben können. In der Stadt war es nicht anders. Alles war überschwemmt. Auf diese Weise stellte sich die Regenzeit ein; doch gab es noch schöne und heitere Tage. Die Frösche, die hier zehnmal lauter quaken als die europäischen, waren uns zu gute Wetterpropheten, und die Moskitos, die in der heißen Jahreszeit lästig genug waren, wurden zur Landplage; sie schwärmten aus ihren Pfützen und Tümpeln in solcher Anzahl, dass man sich ihrer kaum erwehren konnte. Aber der Mensch gewöhnt sich an alles.

Am 8. Dezember war das Schiff ausgebessert, die Kranken waren an Bord, und wir liefen die Reede hinauf. Hier ankerten wir bis zum 24. Dezember, um das Schiff vollständig auszurüsten und zu verproviantieren. Wir wären früher fertig geworden, wenn uns nicht Krankheiten und Todesfälle heimgesucht hätten.

Am Nachmittag verabschiedete ich mich von dem Statthalter und den angesehensten Bürgern, die uns während unseres Aufenthalts in Batavia so gastfreundlich begegnet waren. Weihnachten feierten wir an Land; am Abend des ersten Feiertags gingen wir alle an Bord, und am 26. Dezember früh 6 Uhr lichteten wir die Anker. Der englische Ostindienfahrer Elgin, Kapitän Cook, ein Namensvetter von mir, mit dem wir sehr frohe Stunden verlebt hatten, begrüßte uns mit dreimaligem Hurra und dreizehn Kanonenschüssen; das Fort brachte einen Salut von vierzehn Schüssen.

Beide Grüße erwiderten wir mithilfe unserer Drehbassen.

Wir waren aber kaum an den letzten Schiffen vorüber, als der Wind sich drehte und uns zwang, bis zum nächsten Tag vor Anker zu gehen. Zu dieser Zeit belief sich die Anzahl unserer Kranken an Bord auf vierzig Mann, und der Rest war kaum genesen. Mit Ausnahme des Segelmachers, eines Jünglings von ungefähr 75 Jahren, waren wir alle mehr oder minder krank; der gute Knabe war aber während unseres ganzen Aufenthalts in Batavia niemals so nüchtern gewesen, dass er selbst hätte wissen können, ob er die Malaria hatte oder nicht; jedenfalls hat er sie weggeekelt, während wir im Ganzen sieben Genossen ans Grab zu begleiten hatten. Von diesen fielen sechs dem Klima zum Opfer, während der arme Tupia mehr seiner veränderten Lebensweise unterlag.

Batavia, die Hauptstadt der holländischen Kolonien in Java, ist, was die Kanäle betrifft, ein zweites Holland, ein zweites Venedig. In der heißen Jahreszeit aber verpesten diese Kanäle mit ihrem stagnierenden Wasser die Luft; in der Regenzeit überschwemmen sie die niedriger gelegenen Stadtteile mit ihrem Schlamm und ihrem Kot und sind beinahe stets mit Tierleichen gefüllt. Tote Hunde und Pferde bleiben so lange liegen, bis sie von einer zufälligen Überschwemmung abgetrieben werden. Ich sah hier einen toten Ochsen über acht Tage lang im Hauptkanal umhertreiben. Daher auch die ungesunden Verhältnisse von Batavia, die so mörderisch sind, dass, wie man uns sagte, von hundert Soldaten, die aus Europa hier anlangen, kaum fünfzig das erste Jahr überleben und kaum zehn dienstfähig sind. Dieser Bericht kann zwar übertrieben sein, allein die Gespenster, die wir hier mit einem Gewehr herumlaufen sahen, bestätigen die traurige Wahrheit des Gesagten. In ganz Batavia haben wir keinen wirklich gesunden Mann getroffen; auch die Frauen sahen alle blass und krank aus. Man nimmt hier die Arzneien fast gewohnheitsmäßig ein und spricht vom Sterben wie von einer alltäglichen Sache. Die Eingeborenen verbrennen eine Unmasse von wohlriechendem Holz und Harzen und sind die üppigsten Blumenzüchter, die man sich denken kann; vermutlich sollen ihnen die Wohlgerüche als Gegengift gegen die mephitischen Ausdünstungen ihrer Gruben und Kanäle dienen. Wir sahen zwar viele weiße Frauen, aber kaum zehn waren geborene Europäerinnen; doch stammten die meisten von Europäern ab. Merkwürdigerweise schadet das Klima den Frauen weniger als den Männern. Diese Kreolinnen ahmen jedoch die Gebräuche der Malaiinnen so sehr nach, kauen Betel wie sie und tragen Kleidung und Haar so sehr nach der Mode der Eingeborenen, dass man sie nur an der Hautfarbe erkennen kann. Die Bevölkerung selbst besteht aus Holländern, Portugiesen, Chinesen, Malaien und Schwarzen.

Die Chinesen treiben meist Handelsgeschäfte; sie sind in der Tat die rührigsten Kaufleute, die man sich denken kann, und ohne sie ist hier kein Geschäft möglich.

Die Portugiesen, die Java bevölkern, haben sich mit den Javanern so sehr vermischt, dass man sie nur an der Hautfarbe von ihnen unterscheiden kann. Die Malaien sind meist als Sklaven von den benachbarten Inseln importiert und später freigelassen worden. 2115 Mohammedaner nennen sie sich die Rechtgläubigen, die Isalams, was sie aber nicht hindert, sich durch Opiumhandel zu bereichern, Betel und Areka zu Pflanzen und die Laster ihrer alten Heimat getreulich beizubehalten. Die eigentlichen Javaner sind mit den Isalams verschmolzen. Männer wie Frauen verwenden trotz des Betelkauens auf die Pflege ihrer Zähne die größte Sorgfalt, indem sie die Zähne gleichlang abfeilen und eine Rinne in die obere

Zahnreihe schneiden, die mit dem Zahnfleisch parallel läuft. Allgemein frönen sie dem Laster des Opiumrauchens so sehr, dass unter ihnen eine besondere Art von Wahnsinn herrscht, den man das Amoklaufen nennt. Wenn jemand Amok läuft, so ist er vogelfrei, man kann ihn niederschlagen wie einen tollen Hund, denn er ist nichts anderes als ein Tobsüchtiger, der sich mit Opium zu einem Mord berauscht, rasend auf die Straße läuft und nun unterschiedslos jedermann anfällt, der ihm begegnet. Wir sahen einen wohlhabenden Mann Amok laufen aus Eifersucht auf seinen Bruder, den er in seinem Blutrausch tötete. Diese Mordmanie ist so verbreitet, dass die Gerichtsdiener eigene Fangapparate, große Gabelzangen, mit sich herumtragen, um die Amokläufer, die ihr Leben teuer genug verkaufen, unschädlich zu machen. Die gefangenen Amokläufer werden unmittelbar nach ihrer Verhaftung auf dem Schauplatz ihres ersten Mordes ohne Gnade lebendig gerädert.

Merkwürdig ist, dass die Javaner, obwohl sie meist Mohammedaner sind, den Teufel als den Urheber alles Übels anbeten und ihm in der Not sogenannte Versöhnungsopfer darbringen. Auch glauben sie, dass manche Menschen einen Sandura, d. h. ein Krokodil, als Zwillingsbruder hätten. Die Familie, in der sich eine solche Geburt ereignet haben soll, trägt ihrem Sandura im nahen Fluss so reichlich Nahrungsmittel zu, dass sie selbst oft darunter Not leidet; denn eine Vernachlässigung dieser Pflicht wird unnachsichtig mit einem Krankheits- oder Sterbefall in der Familie geahndet. Eine junge Sklavin, die unter Engländern erzogen worden war, erzählte Herrn Banks, ihr Vater habe ihr auf seinem Totenbett entdeckt, dass er ein Krokodil zu seinem Sandura hätte, und habe ihr aufgetragen, die Bestie Zeit ihres Lebens zu füttern.

Sie gehe daher jeden Tag an den Fluss, um ihren Oheim zu füttern. Gegen die Macht dieses Aberglaubens helfen keine Vernunftgründe. Die Leute glauben so fest an den Mythos vom Sandura, dass sie an gewissen Festtagen gemeinsam hinausrudern, um ihre gefräßigen Verwandten mit Fleisch, Betel und Tabak zu regalieren.

Nächst den Chinesen, die in einem besonderen Quartier wohnen und allen ihren Nationallastern, dem Opiumrauchen und dem Spiel frönen, sind in Batavia die Sklaven am zahlreichsten. Jedermann hält sich zu seiner Bedienung Sklaven, und wo man einen Holländer, einen Portugiesen oder einen Isalam sieht, er sei vornehmen oder geringen Standes, reich oder arm, so sieht man ihn in Begleitung seiner Sklaven. Man führt sie aus Sumatra und den östlichen Provinzen ein. Die Javaner selbst sind durch die Gesetze und schwere Strafen vor der Leibeigenschaft und dem Los geschützt, als Sklaven in dem Land zu leben, dessen Herren sie einst waren; eine gesetzgeberische Maßnahme, die ihrem trägen Sinn wenig zusagt, zumal da die Sklaven hier ein Leben wie in Arkadien führen und die faulste Menschensorte unter Gottes Himmel sind. Für einen Sklaven zahlt man in Batavia zehn bis zwanzig Pfund Sterling, für ein Mädchen, wenn es schön ist, bis zu hundert Pfund. Man hat Sklaven aus allen Völkerschaften. Berüchtigt sind die Negersklaven aus Afrika, die man hier Papuas nennt; sie sind Diebe und unverbesserliche Faulenzer. Nicht viel besser sind die Sklaven von der Insel Celebes, die sich nicht nur durch ihre Faulheit, sondern auch durch ihren rachsüchtigen Charakter auszeichnen. Die zuverlässigsten Sklaven kommen aus Bali, die schönsten Sklavinnen aus Bias, einer kleinen Insel bei Sumatra. Leider sind diese Mädchen körperlich so zart, dass sie dem mörderischen Klima von Batavia leicht erliegen. Die Sklaven stehen unter der Strafgewalt ihrer Herren; wer jedoch seinen Sklaven so misshandelt, dass er daran stirbt, verfällt der Todesstrafe. Daher züchtigen die Sklavenhalter ihre Leute nicht selbst, sondern sie überlassen das dem Marineu, einer Gerichtsperson, der es obliegt, den Straßenfrieden zu wahren, die Amokläufer einzufangen und straffällige Sklaven zu züchtigen. Dies besorgt jedoch der Marineu nicht selbst, sondern er lässt es von seinen Sklaven ausführen. Die Sklaven werden öffentlich vor der Haustüre ihres Herrn, die Sklavinnen innerhalb des Hauses gezüchtigt.

Als Strafinstrument dienen dünne Bambusrohre, die aber so kräftig wirken, dass auf jeden Hieb Blut fließt. Für jede gewöhnliche Exekution erhält der Marineu einen Taler, für eine besonders harte einen Dukaten.

Vierzehntes Kapitel.

Die Prinzeninsel. —— Besuch beim König. — Die Eingeborenen. —— Das schwimmende Hospital. — Wir begraben dreiundzwanzig Mann. —— Am Kap der Guten Hoffnung. — Die Hottentotten und ihre Sitten.

Donnerstag, den 27. Dezember, liefen wir in See am 29. kamen wir an Pulo Pare vorüber; am 1. Januar 1771 segelten wir wiederum der Küste von Java zu. Am 5. Januar befanden wir uns an der Prinzeninsel. Da sich der Zustand der Kranken seit unserer Abreise von Batavia verschlimmert hatte, so beschloss ich hier beizulegen und ging um 3 Uhr des Nachmittags an der südöstlichen Seite der Insel in 18 Klaftern Wasser vor Anker, um Erfrischungen für die

Kranken einzukaufen und unsere Vorräte an Holz und Wasser zu ergänzen.

Als das Schiff gehörig gesichert war, ging ich mit den Herren Banks und Dr. Solander an Land. Am Strand begegneten uns einige Eingeborene, die sich erboten, uns zu ihrem König zu geleiten, ein Vorschlag, den wir sofort annahmen. Seine Majestät empfing uns mit großer Auszeichnung. Was aber den Einkauf von Lebensmitteln, Schildkröten und anderen Erfrischungen betraf, so wurden wir über den Preis nicht einig. Seine Majestät war ein großer Halsabschneider und forderte haarsträubende Preise.

Dies machte uns weiter keine Sorge, denn wir wussten im voraus, dass er am anderen Tag seine Leute auf unsere Preise stimmen würde. In dieser Erwartung empfahlen wir uns von dem König und der Versammlung von Indianern, die er zu unseren Ehren zusammengetrommelt hatte, und nahmen unseren Rückweg längs der Küste, um eine Wasserstelle ausfindig zu machen, was uns auch gelang. Wir fanden nämlich in der für unsere Zwecke günstigsten Lage Wasser. Als wir uns einschiffen wollten, boten uns einige Eingeborene drei Schildkröten zum Kauf an. Wir wurden handelseinig, mussten aber an Eides Statt versichern, Seiner Majestät diesen Kauf zu verschweigen.

Am anderen Morgen kommandierte ich einen Teil der Mannschaft ab, um Wasser einzuholen. Wir gingen des Proviantes wegen an Land, fanden jedoch, dass die Eingeborenen auf allerhöchsten Befehl auf ihren hohen Preisen bestanden. Allein als sie sahen, dass auch wir unsere Preise hatten und nicht zu bewegen waren, mehr zu geben, als wir von Anfang an geboten hatten, so bequemten sie sich nach ein paar Stunden des Feilschens zu unseren Preisen. Wir hatten bald sämtliche Schildkröten und ausgestellten Früchte an Bord. Die vorher gekauften Schildkröten teilte ich der Mannschaft zu, die seit vier Monaten nur von frischen Lebensmitteln lebte, sich also in Bezug auf die Verpflegung über eine Vernachlässigung von meiner Seite nicht beklagen konnte. Vier Monate auf hoher See und nicht ein einziges Mal Pökelfleisch! — unser Schiffskoch hielt das für ein Wunder. Am Abend stattete Herr Banks dem König, der gerade sein Abendessen kochte, in dem Königlichen Palais, das aus einer Hütte im Reisfeld bestand, seinen Besuch ab und wurde ungemein gnädig empfangen. Am folgenden Tag war der Markt mit Fischen, Geflügel, jungen Rehen, Früchten und kleinen Affen überfüllt. Schildkröten gab es nicht; wir hatten sie aufgekauft. Aber die Tage darauf entsprach das Angebot an Schildkröten wieder der Nachfrage; doch bekamen wir nie soviel wie am ersten Tag.

Herr Banks erinnerte sich, dass ihm sein malaiischer Bediener in Batavia von einer Stadt auf der Prinzeninsel erzählt hatte, die im Westen liege. In der Absicht sie aufzusuchen reiste er, weil er gehört hatte, dass die Eingeborenen Fremde nur höchst ungern in diese Stadt geleiteten, unter dem Vorwand ab, dass er Pflanzen suchen wollte. Nachdem er mit seinen Begleitern zwei Stunden lang unterwegs gewesen war, begegneten sie einem alten Mann, bei dem sie sich nach der kleinen Stadt erkundigten. Der Alte gab ihnen zuerst eine falsche Auskunft und suchte sie in die Irre zu führen; als er aber sah, dass ihm das nicht gelang, führte er sie auf dem nächsten Weg nach Samadang, wie die Hauptstadt der Insel heißt.

Samadang ist eine Stadt von vierhundert Häusern und wird von einem Fluss durchzogen; die beiden Stadtteile werden durch eine Fähre verbunden.

Banks erkannte unter den Einwohnern, die sich bei seinem Erscheinen neugierig ansammelten, mehrere, mit denen wir an der Küste gehandelt hatten. Er bat sie, ihn und seine Begleiter nach der Neustadt zu führen, was die Angesprochenen gegen eine kleine Vergütung denn auch taten. Das Volk empfing sie hier sehr freundlich und zeigte ihnen die Häuser des Königs und der vornehmsten Häuptlinge. Leider befanden sich die Herrschaften in ihren Hütten in den Reisfeldern, wo sie sich damit beschäftigten, die Vögel und die Affen, die die Ernte bedrohten, zu verscheuchen. Von einer Besichtigung des Innern der sehr ansehnlichen Häuser musste daher abgesehen werden. Zur Rückkehr nach der Küste mietete Herr Banks ein Segelboot, wofür er dessen Besitzer vier Schilling zahlte.

Wir kauften außer Geflügel und Früchten täglich drei Zentner Schildkröten. Am 15. abends war unser Proviant ergänzt, und wir dachten an die Abreise.

Herr Banks ging noch einmal an Land, um sich von dem König zu verabschieden, bei welcher Gelegenheit er ihm zwei Buch Papier zum Geschenk machte. Am 14. waren wir segelfertig; am 15. früh stachen wir bei leichtem Nordostwind in See.

Wir hatten an der Küste der Prinzeninsel, die von den Eingeborenen Pulo Paneitan genannt wird, zehn Tage verweilt. Die Einwohner sind Javaner; ihr Rajah, der König, steht unter der Oberhoheit des Sultans von Bantam. Die Javaner der Prinzeninsel ähneln in ihrer Tracht, ihren Sitten und Gewohnheiten denen von Batavia. Nur scheinen sie in Bezug auf ihre Frauen, die sie vor uns versteckten, eifersüchtiger als die Bataver zu sein. Wir sahen während unseres Aufenthalts zufällig im Wald eine einzige Frau; als sie uns erblickte, lief sie schreiend davon und verbarg sich. Die Paneitanjavaner sind strenggläubige Mohammedaner, die ihren Ramadan so streng hielten und fasteten, dass sie an diesem hohen Festtag nicht einmal dem heiß geliebten Betel huldigten.

Die Häuser in der Stadt, die Herr Banks besichtigte, sind auf Pfählen erbaut, die 3 bis 5 Fuß hoch sind und auf denen der aus Bambusrohr verfertigte Fußboden ruht. Auch die Seitenwände sind aus Bambusrohr, das die Fachwerke dicht ausfüllt. Die schrägen, steilen Dächer sind mit Palmenblättern so dicht gedeckt, dass weder Sonne noch Regen hindurchdringt.

Das Haus des Königs und das des reichsten Mannes auf der Insel hatten Bretterwände. Die Häuser in den Reisfeldern sind als Landhäuser bedeutend kleiner gebaut, nur sind die Pfosten, worauf sie ruhen, etwa 10 Fuß hoch. Die Vorfahren der Paneitanjavaner wohnten ursprünglich an der neuen Bai von Java; sie wanderten der vielen Tiger wegen, die dort den Dschungel und die Wälder unsicher machen, aus und ließen sich auf der in dieser Hinsicht mehr geschützten, außerordentlich fruchtbaren Prinzeninsel nieder.

Wir beschleunigten unsere Reise nach dem Kap der Guten Hoffnung, denn wir waren in einer fürchterlichen Lage. Das schlechte Wasser von der Prinzeninsel hatte unseren Kranken sehr geschadet. Zu der Malaria, dem Skorbut und dem Wechselfieber war noch eine gefährliche Dysenterie gekommen, die uns zwang, das ganze Schiff mit Essig zu desinfizieren, um die bösartige Wirkung der ansteckenden Ausdünstungen unserer Kranken zu bekämpfen. Herr Banks erlitt einen so bedenklichen Rückfall, dass wir eine Zeit lang an seinem Aufkommen zweifelten. Das Schiff selbst war ein schwimmendes Hospital, worin es den Kranken an der nötigsten Pflege

Abb. 12: Am Kap der Guten Hoffnung.

fehlte, sodass wir jeden Morgen eine neue Leiche hatten. Nicht ganz in sechs Wochen mussten wir auf dieser Todesfahrt der See dreiundzwanzig Tote übergeben, darunter den Astronomen Green, Parkinson den Maler, den Reisenden Sporing, den freiwilligen Unteroffizier Monkhouse, den Oberbootsmann, den Schiffszimmermann, den alten Segelmacher und seinen Gehilfen, den Schiffskoch, den Korporal der Seesoldaten, einen zweiten Unteroffizier, die beiden Zimmermannsgehilfen und neun Matrosen. Im Ganzen hatten wir seit unserer Ankunft in Batavia dreißig Tote zu beklagen. Eine furchtbare Meerfahrt war es, die wir im Totenschiff zurücklegten; wir atmeten erst aus, als wir die Höhe des Vorgebirges der Guten Hoffnung erblickten, wo wir am 15. März in 7 Klaftern auf schlammigem Boden vor Anker gingen.

Ich begab mich sogleich an Land, um dem Statthalter meine Aufwartung zu machen und ihn um Hilfe für meine armen Kranken zu bitten, die mir auch zugesagt und in jeder Weise zuteilwurde. Ich mietete für sie in herrlicher, gesunder Lage ein Haus, wo man sie, den Mann täglich für zwei Schilling, mit Kost und Pflege versah. Auf der ganzen traurigen Fahrt hierher fiel sonst nichts Besonderes vor, was den Seefahrer interessieren könnte. In der Windstille war die Luft schwül und ungesund. Wenigstens konstatierte ich, dass an solchen Tagen die Dysenterie sich so verschlimmerte, dass sich jeder für verloren gab, umsomehr als die gereichte Medizin nicht im geringsten anschlug. Kaum hatten wir aber den Passatwind erreicht, als wir sofort an uns und unseren Kranken dessen heilsame Wirkung verspürten. Wir verloren allerdings noch zwei der Kranken, allein diese waren schon in Batavia hoffnungslos erkrankt. Wir glaubten zuerst, dass die Schildkröten, die wir auf der Prinzeninsel gekauft hatten, die fürchterlichen, verheerenden Wirkungen der Dysenterie verursacht hätten, allein wir hörten in Kapstadt, dass alle die Schiffe, die mit uns von Batavia abgesegelt waren, ebenso sehr von Krankheit mitgenommen worden waren wie wir; auch hier war der Keim zu der todbringenden Dysenterie in Batavia gelegt worden, denn keines dieser Schiffe, die fast ebenso viel Tote hatten wie wir, hatte an der Prinzeninsel geankert. Als wir am Vorgebirge der Guten Hoffnung vor Anker lagen, segelte der Ostindienfahrer „Hougthon" nach England ab. Der „Hougthon" hatte während seines Aufenthalts in Ostindien 30—40 Mann durch Krankheiten eingebüßt, und als er das Kap verließ, lagen noch viele von seinen Leuten so sehr am Skorbut darnieder, dass man stündlich ihr Ableben erwartete.

Andere Schiffe, die nicht viel über ein Jahr von England fern waren, hatten nicht weniger gelitten. Wenn wir bedachten, dass wir dreimal so lange Zeit von Hause fort waren wie sie, so konnten wir mit unserem Schicksal nicht so sehr grollen; im Verhältnis waren wir weniger heimgesucht worden als unsere Leidensgefährten.

Teils um die Genesung der Kranken abzuwarten, teils um Proviant einzunehmen und Schiff wie Takelwerk auszubessern, blieb ich bis zum 13. April hier vor Anker. An diesem Tag nahm ich die Kranken, von denen sich noch verschiedene in sehr gefährlichem Zustand befanden, wieder an Bord, verabschiedete mich von dem Gouverneur und lichtete am 14. die Anker, um mit dem ersten Wind auszulaufen.

Das Vorgebirge der Guten Hoffnung ist so oft beschrieben worden, dass ich nur weniges berichtigend zu sagen habe. Sehr berichtigungsbedürftig sind in erster Linie die übertriebenen Schilderungen von der Schönheit und Fruchtbarkeit dieses Landes, die mit der Wahrheit wenig übereinstimmen, denn auf unserer ganzen Reise haben wir kein Land gefunden, das so sehr einer unfruchtbaren Wüste geglichen hätte. Die Halbinsel, die von der Tafelbai und von der falschen Bai umgeben ist, besteht aus hohen, kahlen und trostlosen Bergen. Hinter diesen liegt nach Osten hin eine Landenge, die aus Sandboden besteht, worauf nichts als Heidekraut gedeiht. Die wenigen fruchtbaren Stellen, die mit Wein, Obst und Gemüse angepflanzt sind, verhalten sich zu den unfruchtbaren wie eins zu tausend. Auch im Innern des Landes ist es nicht viel anders. Die Holländer sagten uns, dass viele von ihren Landsleuten sich etwa 900 englische Meilen entfernt im Innern des Landes niedergelassen hätten und aus dieser großen Entfernung den Ertrag ihrer Felder per Achse zu Markt ans Kap brächten. Während unseres Aufenthaltes kam ein Bur fünfzehn Tagereisen weit aus dem Landesinnern und brachte seine jungen Kinder mit. Wir verwunderten uns und meinten, ob es nicht bequemer gewesen wäre, die Kleinen bei dem Nachbarn unterzubringen „Nachbar!" lachte der Mann, „mein nächster Nachbar wohnt fünf Tagesreisen von mir entfernt!" Muss das Land nicht schrecklich öde sein, wenn die Bauern, die vom Ackerbau und von der Viehzucht leben, der Unfruchtbarkeit des Landes wegen so weit voneinander wohnen müssen?

Die einzige Stadt, die die Holländer hier gebaut haben, ist Kapstadt. Sie besteht etwa aus hundert Backsteinhäusern, die des Südwinds wegen mit Stroh gedeckt sind. Ziegel und Schiefer könnte man auf dem Dach nicht erhalten. Die Straßen sind breit und bequem, und durchschneiden einander im rechten Winkel.

In der Hauptstraße findet man einen zu beiden Seiten mit Eichen bepflanzten Kanal. Die Eichen haben sich gut entwickelt und spenden einen kühlenden Schatten.

Sonst sind die Bäume hier stark verkrüppelt. Unter den Bewohnern der Kapstadt überwiegen die Holländer bei Weitem. Da die meisten als Hausbesitzer an Fremde und Reisende vermieten, so haben sich ihre Lebensgewohnheiten denen fremder Nationen vielfach angepasst. Die Frauen aber bleiben ihren holländischen Sitten so treu, dass z. B. jede beim Ausgang eine Magd neben sich hat, die ihr wie in der Heimat zum Fußwärmen den Eisentopf mit glühenden Kohlen nachträgt, was in dem viel heißeren Klima von Kapstadt geradezu deplatziert erscheint und lächerlich wirkt. Im Allgemeinen sind die Holländerinnen hier sehr schön und haben eine reine, zarte Haut und eine blühende, gesunde Farbe. Sie geben die besten Ehefrauen von der Welt, die ihr Hauswesen sorgsam leiten und gute, meist kinderreiche Mütter sind. Ein Haus, in dem es nicht von Kindern wimmelt, ist hier selten. Die Luft ist ungemein gesund und heilkräftig.

Was wir über die Eingeborenen dieses Landes hörten, haben wir nur vom Hörensagen, denn von ihrer Lebensweise und ihren ursprünglichen Sitten bekommt man in der Stadt selbst nichts zu sehen. Wer sie daraufhin beobachten will, muss sie in ihren Dörfern, ihrem Kral besuchen. Das nächste Hottentottendorf aber liegt wenigstens vier Meilen von der Stadt entfernt. Diejenigen, die man in der Stadt zu sehen bekommt, sind meistens als Knechte bei den Buren im Dienst oder als Viehhirten tätig, also etwas von der Kultur beleckt. Die Hottentotten sind lange, hagere Gestalten, aber ungemein stark, gelenkig und gewandt.

Manche sind 6 Fuß groß; ihr Auge blickt träge und gleichgültig; die Haut ist pechschwarz von Natur und noch mehr von Schmutz. Ich glaube, dass sie ihren Körper niemals waschen, so starrt er von Schmutz und Unreinlichkeit. Das Haar ist gesträhnt, lockig und glänzt von Fett. Die Kleidung besteht aus einem Schaffell, das sie über der Schulter tragen, und aus einem Schambeutel; die Frauen tragen ein Lendentuch, das an einem mit Glaskorallen und Kupferstückchen verzierten Gürtel befestigt wird. Männer und Frauen tragen eine Kette von Glaskorallen um den Hals und ebensolche Armbänder. Die Weiber wickeln Lederringe um die Knöchel, um sich gegen die Dornen zu schützen; vielfach tragen sie Holzsandalen als Fußbekleidung. Die Sprechweise der Hottentotten ist glucksend guttural; ihr Holländisch ist dagegen rein und in der Aussprache fehlerfrei.

Ich habe selten ein so schamhaft schüchternes Volk kennenlernen wie die Hottentotten. Es kostete uns immer die größte Mühe von der Welt, sie dahin zu bringen, dass sie in unserer Gegenwart tanzten. Doch glückte es uns, sie in ihren Tänzen zu beobachten und beim Singen ihrer Lieder zu belauschen. Die Tänze der Hottentotten sind teils üppig lebhaft, teils träge und schläfrig. Die leidenschaftlichen Tänze bestehen aus heftigen, erotischen Bewegungen des Körpers und aus tollen Sprüngen; die anderen darin, dass der Tänzer abwechselnd mit den Füßen den Boden stampft, ohne sich von der Stelle zu rühren oder irgendwie sonst den Körper zu bewegen. Es ist ein monotones Tanzen, dem einige ihrer Lieder gleichen, während indes andere Lieder lebhafte und feurige Melodien haben.

Wir waren gezwungen, um mehr von den Sitten und Gebräuchen der Hottentotten zu erfahren, uns bei den Holländern danach zu erkundigen. Wie wir von unseren Gewährsleuten hörten, gehören die Hottentotten verschiedenen Stämmen an, die sich in ihren Eigentümlichkeiten voneinander unterscheiden. Doch sind sie friedliebend bis auf das im Osten wohnende Volk der Buschmänner, die vom Krieg und vom Raub leben. Die Buschmänner sind die heimtückischsten Viehräuber, die man sich denken kann. Was sie besonders gefährlich macht, ist, dass sie die Spitzen ihrer Lanzen und Pfeile mit dem äußerst gefährlichen Gift der Kobraschlange vergiften, sodass die kleinste Wunde unbedingt tödlich wirkt. Dabei sind sie gute Schützen, die, einerlei ob sie die Lanze werfen oder den Pfeil abschießen oder den Stein schleudern, ihr Ziel, und sei es auch nur talergroß, auf hundert Schritte zu treffen wissen. Gegen diese unverbesserlichen Räuber, die ihre Raubzüge des Nachts unternehmen, schützen sich die Hottentotten, die viel von ihnen belästigt werden, dadurch, dass sie ihre Bullen die Nacht über frei herumlaufen lassen. Diese vierbeinigen Nachtwächter stellen jeden, der sich nachts ans Dorf heranschleicht, und machen dabei solchen Lärm, dass das ganze Dorf alarmiert wird. Auch den wilden Tieren treten sie geschlossen mutig entgegen.

Die Häuptlinge der Hottentotten gehen in Löwen-, Tiger- oder Zebrafelle gekleidet, die sie mit Fransen und anderem Zierrat einfassen. Sie besitzen meist große Viehherden. Das ganze Volk, Männer und Frauen, schmiert sich den Körper mit Hammelfett oder Butter ein. Man versicherte uns, dass die Priester der Hottentotten bei der Vermählung eines Paares dieses mit seinem Urin bespritzen, und dass ohne diese Zeremonie die Ehe ungültig sei. Was nun die sogenannte Hottentottenschürze der Frauen betrifft, die als besondere Schönheit gilt, so wurde sie von einigen geleugnet. Unser Arzt dagegen, der viele Hottentottinnen ärztlich untersucht und behandelt hat, sagte uns, dass unter den vielen Hunderten von Frauen, die er behandelt habe, nicht eine gewesen sei, die nicht diese scheußliche Verunstaltung an ihrem Körper gehabt hätte; bei einigen wäre sie sogar vier und noch mehr Zoll groß gewesen. So viel von den Eingeborenen des Kaplandes.

Die Bai ist groß, sicher und bequem. Der Nordwind kann zwar gerade noch hineinwehen, allein er stürmt selten. Die Südostwinde wehen oft sehr ungestüm; da sie aber in der Richtung nach der See hin blasen, so ist keine Gefahr dabei. Um die Waren bequem aus- und einladen zu können, haben die Holländer einen hölzernen Kai angelegt, der ziemlich weit von der Stadt in die Bai hinausläuft. Auch kann man hier frisches Wasser einnehmen, das dahin gepumpt wird. Der Proviant wird durch Hafenschiffe der Kompanie an Bord gebracht; auch vermitteln diese Schiffe gegen geringe Gebühr den Transport nach der Stadt. Die Bai selbst wird durch ein Fort beschützt, das an der Ostseite der Stadt hart am Strand liegt.

Auch sind längs der Küste verschiedene Außenwerke und Strandbatterien zum Schutz der Stadt und des Hafens angelegt. Allein deren Lage ist nicht die sicherste; vom Land aus wie von den Schiffen sind sie leicht zu beschießen. Wider einen mächtigen Gegner, der diesen Forts von der Landseite beikäme, könnten sie sich meines Erachtens nicht lange halten[9]. Die Besatzung besteht aus 800 Mann regulärer Truppen und aus der Landmiliz, zu der jeder zählt, der eine Flinte tragen kann.

Fünfzehntes Kapitel.

Heimreise. — Eine Sträflingsinsel. — St. Helena. —- Grausame Behandlung der Sklaven daselbst. — Wieder zu Hause.

Am 14. April 1771 früh hoben wir den Anker und steuerten aus der Bai hinaus. Um 5 Uhr des Nachmittags befanden wir uns an der Pequin- oder Robininsel, wo wir für die Nacht vor Anker gingen.

Da ich am Morgen der Windstille wegen nicht weiter konnte, so schickte ich ein Boot nach der Küste, um einige Kleinigkeiten einzukaufen, die ich am Kap zu kaufen vergessen hatte. Als sich das Boot der Küste näherte, wurde es angerufen und ihm die Landung untersagt. Gleichzeitig erschienen sechs Soldaten am Strand und stellten sich in Reih' und Glied mit angelegtem Gewehr auf. Um ein paar Köpfe Gemüse, denn darum handelte es sich, wollte der das

---

9   24 Jahre später wurde Kapland von den Engländern unter Admiral Elphinestone und General Clarke erobert; 1814 kam es durch den Pariser Frieden endgültig in englischen Besitz.

Boot kommandierende Offizier kein Blut vergießen; er kehrte daher zum Schiff zurück. Anfänglich war uns die wenig gastfreundliche Art der Herren Holländer befremdlich, aber dann erinnerten wir uns, dass die Kapholländer ihre schweren Verbrecher auf diese Insel deportierten, wo sie in den Kalksteinbrüchen, deren es hier sehr viele gibt, schwer arbeiten mussten. Auch erinnerten wir uns des Vorfalls, der die Kapregierung bewogen hatte, künftighin jede Landung eines fremden Schiffes auf der Strafinsel zu untersagen. Der Fall war allerdings provozierend genug und macht die Rigorosität der Holländer verständlich. Der Kapitän eines dänischen Schiffes nämlich, dem seine Mannschaft durch Sterbefälle stark dezimiert worden und dem es nicht gelungen war, in Kapstadt so viele Ersatzmannschaften anzuheuern, als er zu seiner Heimreise gebrauchte, hatte die Wachmannschaften auf der Insel überfallen und sich so vieler Verbrecher bemächtigt, als er zur Bedienung seines Schiffes nötig hatte.

Diesem Gewaltakt hatten wir es zu verdanken, dass man uns die Landung verwehrte, was wir sehr begreiflich fanden.

Am 25. erst konnten wir bei leichtem Ostwind die Anker heben und wieder in See gehen. Um 4 Uhr starb unser leichtlebiger Steuermann Robert Mollineux.

Er war ein junger, sehr befähigter Seemann, aber zu seinem Unglück genoss er die Freuden des Lebens in vollen Zügen, sodass er sich selbst während seiner Krankheit nicht schonte. Aber sein Tod ging uns allen sehr nahe, denn er war die Lebensfreude selbst und in den fatalsten Lagen stets bei guter Laune.

Am 29. April passierten wir den Äquator. Wir hatten nunmehr die Welt von Osten nach Westen her völlig umsegelt. Natürlich veranstalteten wir bei dieser Gelegenheit ganz besondere Festlichkeiten, an denen sogar unsere Kranken und Rekonvaleszenten regen Anteil nahmen Am 1. Mai erblickten wir bei Anbruch des Tages die Insel Sankt Helena. Am Mittag legten wir uns auf der Reede vor dem Fort James vor Anker, wo wir bis zum 4. Mai blieben.

Herr Banks, der sich vollständig wieder erholt hatte, machte in dieser Zeit eine Rundfahrt um die Insel herum. Sankt Helena liegt fast in der Mitte des Großen Ozeans und ist von der Küste Afrikas 400, von der Amerikas 600 Seemeilen entfernt. Die Insel besteht aus dem Gipfel eines ungeheuren Berges, der steil aus der unergründlichen Tiefe des Meeres hervorragt und nicht über zwölf Seemeilen lang und sechs breit ist. Bekanntlich ist in den Ländern, wo es Vulkane gibt, deren Sitz stets in den höchsten Bergen zu suchen. So ist der Ätna der höchste Berg von Sizilien und der Vesuv der von Neapel. In Island ist der höchste Berg der Vulkan Hekla; in Südamerika liegen die Vulkane in den höchsten Regionen der Anden und in dem berühmten Pik von Teneriffa. Alle diese Vulkane brennen noch. Aber es gibt noch eine Menge ausgebrannter Vulkane; unter diese gehört die Insel Sankt Helena. Ihre Oberfläche ist sehr uneben, bald Berg, bald Tal. Diese Ungleichheiten des Bodens sind dadurch entstanden, dass sich die Erde infolge der Wirkungen des unterirdischen Feuers stellenweise hob oder senkte. Jedenfalls ist die Insel vulkanischen Charakters, wie die dort vorkommenden Gesteinsarten beweisen.

Als wir uns der Insel auf der Windseite näherten, sah sie einem ungestalten Haufen Felsen gleich, die nach der See hin fürchterlich steil abfallen und ohne jede Vegetation sind. Als wir noch ziemlich weit von der Küste entfernt waren, glaubten wir, dass uns die große Entfernung die Vegetation verberge; allein je näher wir kamen, desto trostloser sahen die kahlen Felsen aus. Einzelne Felsen neigen sich mit ihren Gipfeln gleichsam über die See, sodass wir unter ihnen hindurchfuhren; es sah geradezu beängstigend aus. Es war uns zumute, als wollten die Felsen herabstürzen. Der Anblick war so furchterregend und bedrohlich, dass wir unwillkürlich die Augen schlossen.

Endlich gelangten wir an das Kapellental, das wie ein großer trockener Graben aussieht. Und in diesem traurigen Graben, dessen Boden mit spärlichem, dünnem Graswuchs bedeckt ist, liegt die Stadt.

So sieht auf den ersten Anblick die Insel aus:

Hinter den Bergen erst beginnt die Vegetation, die allerdings ebenso reich wie vielseitig ist und die Produkte aller Zonen hervorbringt. Die Stadt liegt hart am Strand. Sie besitzt viele, schlecht gebaute Häuser, eine alte, baufällige Kirche und ein ebenso altes Stadthaus. Alle weißen Einwohner der Insel, die im Besitz der Englisch-Ostindischen Kompanie ist, sind Engländer. Allein da sie für ihre Rechnung keine Schifffahrt zum Zweck des Handels treiben dürfen — die Kompanie hat dieses Verbot erlassen — so sind sie auf den Kleinhandel angewiesen, den sie mit den einlaufenden Schiffen treiben. Dennoch könnten sie gute Geschäfte machen, würden sie sich die Lage der Insel, auf der nicht nur alle europäischen, sondern auch alle ostindischen Landesprodukte gedeihen, mehr zunutze machen.

Es gibt zwar Pferde genug auf der Insel, doch dienen sie nur zum Reiten. Als Lasttiere dienen hier die Sklaven, und diese Unglücklichen, die fast aus allen Gegenden der Welt hier zum Verkauf kommen, werden in der fürchterlichsten Weise ausgenützt und durch die schweren Arbeiten, die man ihnen aufbürdet, auf die schnellste Weise aufgerieben. Die unerhörtesten Misshandlungen und die unglaublich rohe Behandlung, denen die hiesigen Sklaven ausgesetzt sind, machen sie zu den unglücklichsten Menschen unter der Sonne. Es tut mir leid, dass ich die Klagen dieser Unglücklichen für berechtigt halten und dass ich zur Schande meiner Landsleute hier konstatieren muss, dass sie ihre Sklaven weit grausamer und unmenschlicher behandeln als die Holländer am Kap und in Batavia die ihrigen. Und die holländischen Sklavenhalter sind doch dafür bekannt, dass sie aller Menschlichkeit bar sind.

Am 4. Mai lichteten wir die Anker. Um 1 Uhr nachmittags liefen wir in Gesellschaft des Kriegsschiffs „Portland" und von zwölf Ostindienfahrern in See.

Mit dieser kleinen Flotte segelten wir bis zum 10. Mai.

Da ich aber wahrgenommen hatte, dass wir mit den übrigen Segelschiffen auf die Dauer nicht in der Schnelligkeit konkurrieren könnten, so signalisierte ich dem „Portland", er möge mir jemand an Bord senden.

Der Kapitän erschien in eigener Person, und ich händigte ihm einen Brief an die Admiralität sowie ferner die Schiffsrechnungsbücher und die Tagebücher der verstorbenen Offiziere aus, da er voraussichtlich vor uns nach England kommen würde. Am 25. Mai verloren wir die ganze Flotte aus dem Gesicht. Am Nachmittag starb mein erster Leutnant Hicks an der Schwindsucht, mit der er schon in England behaftet war; seit Batavia nahm die Krankheit zu. Am Abend bestatteten wir ihn feierlich in des Seemanns Kirchhof, dem Weltenmeer. Unser Takelwerk und unsere Segel waren so schlecht geworden, dass sie fast jeden Tag stückweise in Fetzen gingen. Doch setzten wir unsere Reise ohne Unfall fort. Am 10. Juni erblickte Nikolaus Young, derselbe Schiffsjunge, der Neuseeland zuerst entdeckt hatte, Land; es war Kap Lizard. Am 11. liefen wir den Kanal hinauf; am 12. mittags sahen wir uns Dover gegenüber; und um 3 Uhr kamen wir in den Dünen vor Anker und landeten in Deal.

Buchtipps

Hier geht es um die Geschichte, wie der Mensch sich über die Natur erhob und zu einem kulturellen Wesen wurde.

Seit Anbeginn seiner Tage war der Mensch keineswegs der stolze Beherrscher der Natur, als den er sich heute mit Recht betrachtet. Er war vielmehr ein schwer gehetztes Wesen, das sich sein armselig bisschen Leben tagtäglich neu erobern musste. Keine Naturkraft gehorchte ihm, und keine wirksame Wehr gegen kraftvolle Mitbewerber aus der Tierwelt verlieh ihm Stärke und Selbstsicherheit. Doch dann wendete sich das Blatt.

Die Kunstfertigkeit, Feuer zu beherrschen, war der wichtigste Schritt zu seiner Menschwerdung. Dies unterschied den Menschen vom Tier. Feuer bot Wärme, Licht und Schutz vor Raubtieren und Insekten. Feuer ermöglichte erst die Härtung von Holz und Stein und später von Ton und Lehm zu Keramik und zur Schmelze von Erzen.

Wie sich der Mensch schrittweise aus seinem schlichten Urzustand emporgerungen hat, das erzählt dieses Buch. Es wurde bisher in mehr als hunderttausend Exemplaren verkauft und ist nun in dieser aktualisierten und mit neuen Bildern versehenen Neuauflage erschienen.

<u>Bibliographische Angaben:</u>

Buchtitel: Es begann mit Feuerskraft: Das Werden des Menschen und seiner Kultur

Autor(en): Carl Wilhelm Neumann; Klaus-Dieter Sedlacek

Taschenbuch: 300 Seiten

Verlag: Books on Demand

ISBN 978-3-7448-7457-1

Ebook: ISBN 978-3-7448-6199-1

In diesem Buch geht es um die geheimnisvolle Kultur der Menschen, die in der Eisenzeit in Mitteleuropa lebten.

Die Kelten zeichneten sich aus durch hohes handwerkliches Können, Handelsbeziehungen bis in den Süden Europas und tollkühnem Mut, der den Elementen trotzte. Ihre Fürsten waren angetrieben von Prunksucht, Eitelkeit und Ruhmgier. An ihrer Stirn blitzten Mondhörner; um ihre Hüften liefen silberne und goldene Gürtel und ihre Brust deckten goldene Harnische, und goldene Waffen. Nichts, sagte ein König, fürchten Kelten mehr als den Einfall des Himmels.

Die Barden waren die Sänger des Volkes, ihre Geschichts- und Rechtskundigen, welche die Taten der Vorfahren meist mit Harfenklang vortrugen, wie wahre wandelnde Stammbäume. Mit ihrer dichterischen Fantasie haben die Kelten tief auf das abendländische Geistesleben eingewirkt. Durch dieses Buch mit seinen zahlreichen, teils farbigen Abbildungen, wird die geheimnisvolle Welt der alten Kelten nun wieder lebendig.

Bibliographische Angaben:
Buchtitel: Die geheimnisvolle Kultur der alten Kelten: Von Druiden, Fürstensitzen und der Lebensart unserer frühgeschichtlichen Vorfahren
Autor(en): Georg Grupp; Klaus-Dieter Sedlacek
Taschenbuch: 92 Seiten
Verlag: Books on Demand
ISBN 978-3-7448-6942-3
Ebook: ISBN 978-3-7448-0729-6

Es geht um die Grundstruktur unseres Universums, die nach Ansicht des Autors nicht aus Materie besteht, sondern aus Gedanken, Mathematik und Information.

Die englische Ausgabe dieses Buchs mit dem Originaltitel "The Mysterious Universe" ist als populäres Wissenschaftsbuch des britischen Astrophysikers Sir James Jeans zuerst von der Cambridge University Press veröffentlicht worden.

Es enthält die erweiterte Version eines Vortrags, der vom Autor an der Universität Cambridge im Jahr 1930 gehalten wurde und beginnt mit dem ganzseitigen Zitat einer berühmten Passage aus Platons Republik, Buch VII, in welcher das Höhlengleichnis der antiken Philosophie erzählt wird. Der Autor Jeans bezieht sich in seinen Ausführungen unter anderem auf die von Max Planck begonnene Quantentheorie der Strahlung, auf Einsteins allgemeine Relativitätstheorie sowie auf die neuen Theorien der Quantenmechanik von Heisenberg und Schrödinger und bietet Lösungen für deren philosophische Verwirrung.

Die englische Ausgabe wurde 15 Mal zwischen 1930 und 1938 und zuletzt im September 2007 nachgedruckt. Mit der hier vorliegenden Ausgabe ist nun endlich auch eine aktualisierte deutsche Übersetzung erschienen.

Bibliographische Angaben:

Buchtitel: Der allmächtige Informatiker: Das Mysterium des Universums

Autor(en): Sir James Jeans; Klaus-Dieter Sedlacek

Taschenbuch: 200 Seiten

Verlag: Books on Demand

ISBN 978-3-7448-3660-9

Ebook: ISBN 978-3-7448-0598-8

BUCHTIPPS

Armageddon 2419 AD

Deutschsprachige Ausgabe Autor: Nowlan, Phillip Frances Die Erzählung Armageddon 2419 A.D beschreibt eine endzeitliche Katastrophe im Amerika des 25. Jahrhunderts. Das ganze Land wurde von den Chaharen Han erobert. Die Han besitzen eine ...

Conan der Legendäre: Der Schwarze Koloss

Autor: Howard, Robert E. „Der schwarze Koloss" ist eine der originalen Geschichten mit dem fiktiven Schwert- und Zaubereihelden Conan dem Legendären, geschrieben vom amerikanischen Autor Robert E. Howard und erstmals im ...

Conan der Legendäre: Der Schwarze Zirkel

Autor: Howard, Robert E. „Der Schwarze Zirkel" (The People of the Black Circle) ist eine der Original-Novellen über Conan dem legendären Barbaren, geschrieben vom amerikanischen Autor Robert E. Howard und erstmals ...

Conan der Legendäre: Eine Hexe wird geboren

Conan der Legendäre Eine Hexe wird geboren Autor: Howard, Robert E. „Eine Hexe wird geboren" ist eine der Originalgeschichten von Robert E. Howard über Conan den Kimmerier. Sie wurde erstmals 1934 in Weird ...

Conan der Legendäre: Rote Nägel

Autor: Howard, Robert E. „Rote Nägel" ist eine der seltsamsten Geschichten, die je geschrieben wurden – die Geschichte eines barbarischen Abenteurers, einer Piratenfrau und einer verschollenen unheimlichen Stadt, die von dem ...

Conan der Legendäre, Jenseits des Schwarzen Flusses

Autor: Howard, Robert E. „Jenseits des Schwarzen Flusses" (engl. „Beyond the Black River") ist eine der originalen Geschichten über Conan den Kimmerier, geschrieben vom amerikanischen Autor Robert E. Howard und erstmals ...

Das grausige Hobby von Sir Joseph Londe

Das grausige Hobby von Sir Joseph Londe: Sammelband. Alle zehn Horrorstories (ToppBook Belletristik 6) 1. Auflage, Kindle Ausgabe von E. Phillips Oppenheim (Autor), Klaus-Dieter Sedlacek (Herausgeber) „Was für einen Unfug wollen Sie ...

Das Kristall-Ei

und Eine Terrornacht / Operation in der vierten Dimension / In der Raumzeit verirrt. Autor: Wells, H.G.; Breuer, Miles J.; Zagat, Arthur Leo Dieses Buch enthält unter anderem eine gewaltige Geschichte von ...

Das Paradies der Damen

Das Paradies der Damen: Roman (Historical Diamond) von Klaus-Dieter Sedlacek (Herausgeber), Emile Zola (Autor) Der Titel ‚Das Paradies der Damen' ist der Band 19 in der Buchreihe ‚Historical Diamond'. Der Autor Emile ...

Das rote Zimmer

und Der neue Nervenbeschleuniger / Das Ding von – „Draußen" / Die Farbe aus dem All Autor:Wells, H.G.; England, G. A.; Lovecraft, H.P. Ein ungenannter Protagonist und Erzähler beschließt, die Nacht in ...

Der Alchemist Leonhard Thurneysser

Die Lebensgeschichte des Goldmachers von Berlin. Autor: Sedlacek, Klaus-Dieter (Hrsg.) . Der im Jahr 1531 geborene Leonhard Thurneysser erlernte als Sohn eines Goldschmieds in Basel die Kunst seines Vaters, übernahm aber bald ...

Der Mann, der Wunder vollbringen konnte

und Der Maschinenmensch von Ardathia / Der Todesstaub / Der Gesandte der Aliens Autor: Wells, H.G.; Flagg, Francis; Zagat, Arthur Leo; Jameson, Malcolm Die Titel-Geschichte ist ein Beispiel für die große zeitgenössische ...

Der schreckliche Gott Taa

und Die Pilzvergiftung, Satan geht zum Angriff über, Jenseits des Zeittors Autor: Wells, H.G.; Jameson, Malcolm; Zagat, Arthur Leo; O'Brien, David Wright Die Titel-Geschichte „Der Schreckliche Gott Taa" stammt vom amerikanischen Schriftsteller ...

Der Skandal um Pfarrer Brown

Sammelband mit 9 Father Brown Krimis. Autor: Chesterton, G. K. „Es wäre nicht fair, die Abenteuer von Pfarrer Brown aufzuzeichnen, ohne zuzugeben, dass er einst in einen schwerwiegenden Skandal verwickelt war. Es ...

Die Dreißig Grenze

oder Der verlorene Kontinent vom Autor der Tarzan Geschichten. Autor: Burroughs, Edgar Rice. Der Autor stellt sich eine Zukunft im dreiundzwanzigsten Jahrhundert vor, in der die westliche Hemisphäre den Kontakt mit dem ...

Die Farm der Tiere

Eine Vision über bedenkliche gesellschaftliche Entwicklungen. Autor: Orwell, Georg. Eines Nachts versammeln sich alle Tiere vom „Herrenhof" in der großen Scheune, um Old Major zu lauschen. Der preisgekrönte alte Eber hatte einen ...

Die Geschichte des Eichhörnchens Nussbacke

Die Geschichte des Eichhörnchens Nussbacke The tale of sqirrel Nutkin. Bilingual – Zweisprachig: Englisch – Deutsch Autoren: Potter, Beatrix; Sedlacek, Klaus-Dieter The Tale of Squirrel Nutkin is a children's book written and illustrated ...

Die junge Mondfrau

Mondepos vom Autor der Tarzan Geschichten. Autor: Burroughs, Edgar Ric. Im zweiundzwanzigsten Jahrhundert kommt Admiral Julian der Dritte nicht zur Ruhe, denn er kennt seine Zukunft. Er wird im darauffolgenden Jahrhundert als ...

Die laszive Mylada

Severins Gang in die Finsternis. Autor: Leppin, Pau. Ein Textauszug: ... Aber das Entzückendste, das die Leute anzog und lockte, war Mylada. Irgendwo hatte Karla dieses Mädchen entdeckt, dessen Herkunft niemand kannte und ...

Die magische Fischgräte

Eine Feriengeschichte aus der Feder eines jungen Mädchens. Illustrierte Ausgabe Autor: Dickens, Charles Es war einmal ein König, und er hatte eine Königin; und er war der männlichste seines Geschlechts und sie ...

Die verlorene Welt

Die verlorene Welt: Abenteuerroman (Historical Diamond 9) von Conan Doyle (Autor), Klaus-Dieter Sedlacek (Herausgeber) Der Titel ‚Die verlorene Welt' ist der Band 9 in der Buchreihe ‚Historical Diamond'. Der britische Autor Sir ...

Exotische Reise durch Persien

Abenteuerlicher Bericht aus einer fremdartigen Welt des 19ten Jahrhunderts. Autor: Loti, Pierre. „Wer mit mir kommen und die Zeit der Rosenblüte in Ispahan sehen will, der mache sich gefasst auf die Gefahren ...

Frankenstein OR THE MODERN PROMETHEUS

Newly illustrated 1831 edition. Autor: Shelley, Mary Wollstonecraft. Frankenstein; or, The Modern Prometheus is a novel that tells the story of Victor Frankenstein, a young scientist who creates a hideous, sapient creature ...

In der Tiefe

und Flug zum Titan / Eine Herberge der Hölle / Freddie Funks verrückte Meerjungfrau. Autor: Wells, H.G.; Weinbaum, Stanley G.; Zagat, Arthur Leo; Yerxa, Leroy Die Titel-Geschichte „In the Abyss (In der ...

John Carter – Der Riese und die Gelben vom Mars

vom Autor der Tarzan Geschichten. Autor: Burroughs, Edgar Rice. Die Saga um

John Carter vom Mars bzw. der Barsoom- oder Mars-Zyklus ist eine der bekanntesten und auch beliebtesten Science-Fiction-Buchreihen des Tarzan-Autors Edgar ...

Junge Wilde und Philosophen

Die kultigen Kurzgeschichten „Flappers and Philosophers" in deutsch. Autor: Fitzgerald, F. Scott. Fitzgerald schafft ein treffendes Porträt von schönen, eigensinnigen jungen Frauen und ausschweifenden, vagabundierenden jungen Männer, die das ausmachten, was man ...

Kleine magische Geschichten von Oz

Illustrierte Ausgabe. Autor: Baum, L. Frank Keine der Geschichten des Autors Frank Baum waren so erfolgreich wie die in seinen Oz-Büchern. Die sechs Erzählungen in diesem Buch sind: „Der feige Löwe und der hungrige ...

Kleiner Schwarzer Sambo – Little Black Sambo

Bilingual – Zweisprachig: Englisch – Deutsch. Autor: Bannerman, Helen The Story of the Little Black Sambo is a children's book written and illustrated by Scottish author Helen Bannerman and is one of ...

Lieber allein!

Gedanken einer Junggesellin zum 30ten Geburtstag. Autor: Bell, Lilian. Die Protagonistin Ruth, eine junge Frau aus der High Society, befällt am Vorabend zu ihrem dreißigsten Geburtstag Panik, trotz vieler Gelegenheiten ist sie ...

Noa Noa

Der exotische Duft von Tahiti Autor: Gauguin, Paul Im April 1891 schiffte sich der berühmte französische Maler Paul Gauguin nach Tahiti ein. Auf der Flucht vor der europäischen Zivilisation mietete er eine ...

Prinz Otto oder Der Phönix und die Freiheit

Prinz Otto oder Der Phönix und die Freiheit Roman über Intrigen und Macht, Verrat, Hinterlist und wahre Liebe – vom Autor der »Schatzinsel« und von »Dr. Jekyll und Mr. Hyde« Autor: Stevenson, ...

Sternengezeugt

Eine Verschwörungstheorie über die Genmanipulation durch Außerirdische Autor: Wells H.G. In ‚Sternengezeugt' befasst sich der Autor H.G. Wells erneut mit der Idee der Existenz von Außerirdischen, über die er in dem Roman ...

Tarzans Alptraum

Tarzans Dschungelgeschichten IX. Autor: Burroughs, Edgar Rice. Die Schwarzen des Dorfes von Mbonga, dem Häuptling, waren dabei, sich den Bauch vollzuschlagen, während über ihnen in einem großen Baum Tarzan der Affen saß ...

The great god Pan / Der große Gott Pan – zweisprachig

Horror story English – German / Horror Geschichte Englisch – Deutsch. Autor: Machen, Arthur. The Great God Pan is a horror and fantasy novel by the Welsh writer Arthur Machen. Machen was ...

Internet: https://leseproben.net